해적 계몽주의

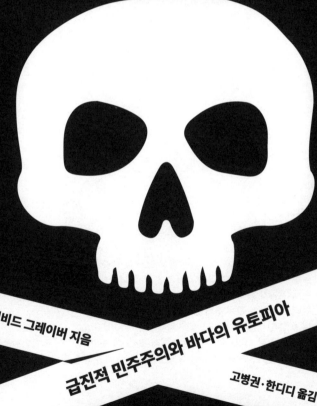

PIRATE
해적 계몽주의
ENLIGHTENMENT,
OR THE REAL LIBERTALIA

데이비드 그레이버 지음

급진적 민주주의와 바다의 유토피아

고병권·한디디 옮김

천년의상상

일러두기

1. 단행본, 정기간행물은 겹화살괄호(《 》)를, 논문, 기사, 연극, 만화는 홑화
   살괄호(〈 〉)를 사용했다.
2. 원서에서 강조하기 위해 이탤릭체로 쓴 것은 굵은 글씨로 표시했다.
3. 옮긴이 주는 '옮긴이'라고 표기했으며, 그 외 모든 주(註)는 저자의 것이다.
4. 이해를 돕기 위해 옮긴이가 본문에 추가한 내용은 대괄호([ ])로, 저자가
   원래 추가한 내용은 겹대괄호(〔 〕)로 표시했다.
5. 너무 긴 단락의 경우, 가독성을 위해 적절히 나눴다.
6. 이 책에 실린 이미지들은 원서에 원래 있던 196쪽 마예르 원고 이미지를
   제외하고는 독자들의 이해를 돕고자 한국어판에만 넣은 것이다.

리베르탈리아로 멋진 항해를!

이 책은 데이비드 그레이버의 마지막 단독 저서이다. 아직 한국에 소개되지 않은, 누군가 번역해주길 막연히 기다리고 있는 그의 연구물은 이 책 말고도 잔뜩 있었다. 그러나 '해적 계몽주의'라는 제목을 보는 순간 나는 당장 이 책을 읽고 싶어 견딜 수 없었다. 해적과 계몽주의라는 조합이 다소 어리둥절했지만, 아무튼 나의 최애 인류학자가 심지어 해적에 대해 쓰고 있는 것이다(주인공을 압도하는 강렬한 매력의 후크 선장, 빨간 머리 삐삐의 멋진 아빠, 〈원피스〉의 검은 수염 해적단과 저세상 간지 하록 선장, 눈 밑에 검댕을 칠하고 흐느적거리는 조니 뎁이 연기한 캐리비안의 해적까지, 이 위험하고 대책 없으며 어딘가 나사가 빠진듯한 바다의 무법자들은 얼마나 매혹적인가!).

이 멋진 책을 완전히 즐기기 위해서는 진심으로 번역에 착수하는 수밖에 없을 것 같았다. 나는 분명 해적을 사랑할 것 같은 동료 고병권 선생님과 천년의상상 편집자님들을 꼬셨고, 이 책은 그렇게 번역되었다. 번역을 마칠 즈음 우리는 이 책 제목이 왜 '해적 계몽주의'인지 알게 되었다. 게다가 꼼짝달싹할 수 없는 작금의 미로, 폐색상태에 갇힌듯한 세계를 다시 열고 항해하기 위한 멋진 지도를 손에 넣었다는 것을 깨달았다. 이 글은 지금부터 그 지도가 안내하는 세계로 들어서는 독자 여러분을 위한 약간의 길잡이다.

우선은 저자에 대해 소개하고 싶다. 데이비드 그레이버는 인류학자이고 아나키스트이며 활동가이다. 이 각각의 이름들은 그에게 있어 깊이 연결되어 서로를 활성화하는, 공통의 활동들을 의미한다. 그레이버는 뉴욕 출신이다. 인쇄공 아버지와 의류노동자 어머니 밑에서 나고 자랐다. 스스로 작성한 짧은 소개글에 아버지가 "스페인 내전에서 국제여단과 함께 싸웠"으며, 어머니는 "1930년대 노동자 뮤지컬의 여주인공"이었다고 쓰고 있다. 마야 문자 해독이 취미였던 탓에 "운 좋게" 장학금을 받아 진학, 이후 시카고대학교에서 인류학을 공부하고 마다가스카르에서 현장 연구를 했다. 1996년 박사학위를 받은 후 불안정 연구노동자로 여기저기 떠돌다가 예일대학교에 자리를 잡았지만, 종신교수 심사과정 전에 계약 해지당한다.

예일대학에서의 추방은 그레이버가 당시 "세계정의운동 Global Justice Movement과 여타 아나키즘적 프로젝트에 상당히 적극적이었다는 점"과 무관하지 않다. 열여섯 살부터 스스로를 아나키스트라고 생각했지만, 자신이 실제 아나키스트로서 운동에 참여한 것은 2000년대 초반 대안세계화운동들과의 만남을 통해서였다고 그는 회상한다(여담이지만 나는 2005년, 그레이버가 예일대에서 해고당한 다음 해 한국에서 그를 만났다. 당시 그레이버는 대추리의 미군기지반대운동 현장을 방문했고, 연구자들의 공동체 '수유너머'나 '문화연대' 같은 활동가 단체에서 대안세계화운동의 직접행동들을 소개하기도 했다).

미국에서 자리 잡는 것이 불가능해지자 그는 영국으로 일종의 "학문적 망명"을 한다. 2011년 《부채, 그 첫 5000년 Debt: The First 5,000 Years》으로 그레이버는 슈퍼스타 인류학자로 떠올랐고, 덩달아 '우리가 99퍼센트다'라는 아큐파이 슬로건을 만든 것으로도 유명해진다. 집단적 대화 과정 속에서 만들어진 공통의 것을 개인 창작물로 귀속시키는 풍토를 그가 끔찍하게 싫어했음에도 말이다. 아무튼, 그레이버는 2013년부터 런던정경대학교에서 교수로 재직한다. 그는 정규직으로 일하는 와중에도 시간이 허락하는 한 쿠르드자유운동을 비롯한 다양한 사회운동에 적극적으로 참여한다.

2016년 같은 학교에서 박사과정을 시작했던 나는 그의 수업을 청강했고, 개인적으로 연구와 관련한 몇 가지 조언 (그의 표현을 따르면 "액티비스트 서비스")도 얻을 수 있었는데, 국제적 명성과 학계에서 배당받은 위치를 생각할 때 그는 놀랄만큼 엘리트와 거리가 먼 신체성을 갖고 있었다. 언제나 까치집 머리에, 셔츠에는 대체로 소스 자국 같은 것이 묻어 있었으며, 심지어 단추를 엇갈려 끼운 채 수업에 들어오기도 했다. 학생들과 낄낄거리며 수다를 떨다가 갑자기 '가치values'에 대한 좌파 이론들의 엄청나게 흥미진진한 계보를 칠판 가득 그려나가기 시작했다. 나는 이 수업에서 그가 펼쳤던 사고 실험이 책의 형태로 출판되리라고 생각했지만, 슬프게도 그런 일은 일어나지 않았다. 그는 2020년 베네치아에서 급작스러운 죽음을 맞았다. 이듬해인 2021년 고고학자인 웬그로와 함께 작업한 대작, 《모든 것의 새벽The Dawn of Everything》이, 그리고 2023년 《해적 계몽주의Pirate Enlightenment, or the Real Libertalia》가 출간된다.

× × ×

한국에 소개된 몇 안 되는 책들만 보더라도 그레이버의 작업은 아나키즘에서, 인류학의 가치이론, 부채의 역사와 민주주의에 대한 논의, 신자유주의의 관료제와 노동문제를 넘나들며 종횡무진한다. 각각의 작업들은 언제나 완전히 새로운 지평을 여는 동시에 서로 얽히고 횡단하며 하나의 또렷한 주제를 향한다. 바로 '자유'의 문제이다. 물론 그레이버의 작업들이 향한 자유는 통상적 의미의 자유와 전혀 다르다. 그레이버는 그런 것(대개 이익을 추구할 자유로 환원되는 서구적인 자유 개념)이야말로 실은 인간의 자유를 끔찍하게 제약하고 있다는 점을 누구보다 강조해왔다.

자유롭다는 것은 근본적으로 관계에 대한 개념이다. 인도게르만어에서 자유Freiheit와 친구Freund는 같은 어원을 갖는다. 그레이버는 자유가 서로에게 예속되거나 지배되지 않는 관계, 즉 친구가 될 수 있는 관계성에 기반한다고 강조한다. 그러나 경제적 이익 추구를 인간 행동의 유일한 동기로 정의하거나, 위계적 정치제도를 사회적 규모의 확장 속에서 불가피한 것으로 규정하는 서구적 담론과 통념 속에서 다른 삶의 가능성은 닫히고, 자유는 극히 제한된 영역에서 주어지는 개인적 선택의 문제로 축소되었다. 그레이버가 질문하는 것은 바로 이러한 폐색상태, 정치적 상상력이 압살된 현실이다. 우리는 대체 왜, 자본주의 이후를, 국가 너머를 상상하지 못하게 된 것일까?

그가 불러오는 인류학과 고고학 증거들은 인간이 의식적인 정치적 주체로서 자신이 살고 싶은 사회를 디자인하고 실험해왔다는 점을 보여준다. 선이나 악, 이기와 이타와 같은 단순한 언어로 포착 가능한 인간의 본래적 특성 같은 것은 없다. 그럼에도 불구하고 인간을 (그레이버의 표현을 빌자면) '사피엔스'로 만드는 공통의 무엇이 있다면, 그것은 인간이 언제나 사회(적 관계)를 만들며 그러한 사회적 관계를 통해 우리 스스로를 상호 생산한다는 점이다. 즉 인간 사회를 만드는 것은 왕도, 엘리트도, 환경도, 언어도 아닌, 우리 스스로의 정치적 행동이다. 궁극적인 자유는 "우리가 누구이며 우리는 무엇이 될 수 있는지" 다시 질문하고 "우리 삶의 가치가 무엇인지를 (집단적으로 또는 개인적으로) 결정하는 자유"라고 그레이버는 말한다. 자유의 문제는 곧 정치의 문제, 우리와 세계를 새롭게 구성하는 문제이다.

이러한 문제의식 속에서 그레이버는 자본주의, 가부장제, 강압적인 국가 관료주의로 상징되는 억압의 메커니즘을 분석하고, 이를 둘러싼 담론을 탈신화화했다. 고고학과 인류학을 도구 삼아 우리 인식의 지도를 가능한 한 넓게 펼치고, 인간이 어떤 것을 할 수 있는지 환기시킴으로써 말이다. 또한 지금 여기서 새로운 관계와 삶을 살고자 하는 사람들에게 유용한 지식을 생산하고자 했다.

한 가지 덧붙이고 싶은 것은 그가 생산하는 지식이 엄청나게 수다스러웠다는 점이다. (앞에서도 언급했지만) 그는 지식이나 사상을 몇몇 천재, 혹은 엘리트들의 개인적 산물로 인식하(게 하)는 학술장의 분위기와 관습에 대단히 비판적이었다. 그가 전달하는 지식은 생전 처음 들어보는 이름의 부족민들, 그들과 만난 모험가와 상인들, 그들 사이를 떠도는 민담과 전설, 현지인들의 농담과 수다, 토론 속에서 생산되는 것이며 그렇기에 결코 하나의 줄거리로 깔끔하게 수렴되지 않는다. 그리고 그의 작업들을 가득 채우고 흘러넘치는 이 생생함과 수다스러움, 유희성은 그레이버가 몰두해 온 작업의 핵심적인 테마들과 공명한다.

　우선 이 수다스러운 지식들은 인간이 결코 경제적 동기로 환원되거나 환경에 의해 결정되는 자동기계가 아니라고 말한다. 동시에 그 지식의 유희적 스타일은 그레이버가 향하는 자유가 거대한 부정의에 대항하기 위해 어떤 올바른 가치나 정의를 수립하고자 하는 도덕주의적 경향과 다르다는 것을 상징적으로 보여준다(그가 강조하듯이 극단적으로 이익을 추구하는 시장과 순수한 이타성을 강조하는 세계종교는 같은 시기에 등장한다). 인간이 협력하는 것은 그것이 더 큰 이익을 주기 때문도, 그것이 옳기 때문도 아니다. 사람들은 단지 즐겁기 때문에도 협력한다. 우리는 어째서인지 즐거움을 죄악시하고, 모두를 불행하게 만드는 이상한 체계에 갇혀 있지만, 즐거움, 재미, 유희야말로 인간이 무언가를 함께 창조하는 핵심적인 동기였다.

×××

《해적 계몽주의》에서 그레이버의 수다력은 가히 정점에 달해 있다. 이 책은 해적들이 카리브해나 인도양을 누비던 이른바 '해적의 황금시대', 즉 17세기 말부터 약 백 년의 시기를 배경으로 한다. 당시 유럽 각국의 왕실에는 마다가스카르 해적 왕국의 대리인을 자처하는 사람들이 나타나서 외교를 수행했고, 어디서부터 어디까지가 진실인지 알 수 없는 해적들의 이야기가 대중을 사로잡았다. 카페와 술집에서 회자된 이러한 이야기들 속에서 마다가스카르의 해적 공화국, 모두가 평등하고 자유로운 리베르탈리아의 이미지가 만들어졌다. 재미있는 것은 해적을 둘러싼 많은 이야기들이 (때로는 해적 자신의 면밀한 정치적 의도에 의해) 부풀려지고 과장된 것이라는 점이다.

그러나 마다가스카르 해안의 많은 해적 정착지에서 급진적 정치 실험이 벌어진 것만은 분명하다. 그레이버는 이 실험을 '원형적-계몽주의'라고 명명한다. 마다가스카르에서 실험된 원형적-계몽주의라니! 18세기 유럽에서 발생한(것으로 알려져 있던) 계몽주의는 마다가스카르 같은 곳에서 실험된 다양한 원형적-계몽주의적 실험들의 영향을 받은 것일 뿐만 아니라 훨씬 덜떨어진 버전에 불과하다. 마다가스카르에서 벌어진 계몽주의 실험은 훨씬 더 해방적이고 급진적인 자유의 비전을 보여준다. 이 과감한 주장이 이 작은 책을 관통한다.

그레이버는 해적과 해적들의 유토피아인 리베르탈리아에 오래도록 매혹되어 있었다. 말하자면 이 책은 해적을 향한 그레이버 팬심의 결과물이다. 그는 엄청난 덕력과 수다력으로 정신없이 어질러진 역사 자료들의 미로를 솜씨 좋게 파고들어 자신의 과감한 주장을 펼치고 세계사의 지도를 다시 그린다. 수다야말로 계몽주의의 본래적 의미, 즉 인간이 세계와 스스로를 집합적으로 생산하기 위해 나누는 지적이고 유희적이며 정치적인 활동이라는 점을 환기시키면서 말이다.

게다가 그가 풀어내는 이야기에 등장하는 급진적 실험의 정치 행위자들은 배에서 반란을 일으키고 탈주함으로써 세계 전체를 등진 도망자-해적들, 이들과 만나 교류한 (완고할만큼 뚜렷한) 평등주의적 기질을 가진 선주민들, 다양한 사랑의 주술을 사용해 해적들을 사로잡고, 그들과의 결합을 통해 기존의 정치 질서를 부수고 정치적 신분 상승을 꾀한 야심만만한 현지 여성들, 이들 사이에서 태어난 혼혈 자녀 등 주류 역사에서 결코 주인공이 되지 않는 어중이떠중이들이다.

이 작고 이상한 역사서는 인간 행동을 구성하는 복잡하고 흥미진진한 동기, 인간의 자유와 정치, 권력과 국가를 둘러싸고 우리에게 익숙한 그것과 너무나 다른 비전을 보여주는 정치 실험 과정을 흥미진진하게 펼치며, 우리가 세계를 들여다보던 낡은 렌즈를 완전히 박살낸다. 이 책을 읽은 독자들은 우리가 얼마나 (심지어 서구 중심성을 벗어나자고 외치는 많은 탈식민 담론들조차) 작은 우물 속에서 헤엄치고 있었는지 뼈저리게 느끼게 된다. 그동안 우리가 전제했던 여러 담론이 얼마나 협소한 것이었는지 보여주며 사고의 지평을 압도적으로 확장시키는 이 항해를 마친 여러분은 결코 이전에 알던 세계로 돌아갈 수 없다는 것을 깨닫게 될 것이다.

자, 지금부터 한 번도 가본 적 없던 곳으로의 먼 항해가 시작되니 번역자의 수다는 이쯤에서 마무리해야 할 것 같다. 마지막으로 한마디만 덧붙이고 싶다. 기술의 발달로 세계가 확장되었다고 말하지만, 사실 우리는 점점 더 많은 벽으로 둘러싸인 축소된 세계에 살고 있다고 그레이버는 강조한다. 근대 이전 사람들은 놀랄만큼 다양한 이유로 (이를테면 꿈에서 본 물건을 구하기 위해, 혹은 마법사나 치유사로서) 훨씬 먼 곳까지 여행하고 상호 작용했다. 돈을 버는 것이 목적이 아니었을까, 라고 생각하는 순간 우리는 이들의 여행을 이끈 가치가 무엇인지 영영 알 수 없을 것이다.

그러나 돈을 가장 중요한 가치로 삼아버린 삶이 얼마나 지리멸렬한 노동(불쉿 잡Bullshit Jobs)으로 채워지는지를, 그리고 몇몇 멍청이들이 중요한 결정을 내리도록 내버려 둔 채 스스로 정치하기를 포기한 결과의 참담함을 우리는 이미 잘 알고 있다. 그레이버가 강조하듯이 정치는 결국 인간 삶에서 중요한 것, 즉 가치가 무엇인지를 함께 결정하는 문제이다. 자, 이 항해를 통해 우리 모두가 우리 삶의 키를 다시 잡게 되길, 우리 스스로를 정치적 행위자로 되돌리는 것의 순수한 기쁨을 발견하게 되길 바라마지 않는다. Bon Voyage, 멋진 여행이 되길!

2025년 5월
한디디

차례

버뮤다

대서양

카리브해

홍해

인도

마다가스카르

말라카해협

희망봉

인도양

'해적의 황금시대' 주요 항로

서론

해적 계몽주의로의 초대

이 에세이는 원래 마셜 살린스Marshall Sahlins와 함께 쓴 신적인 왕권에 관한 에세이 모음집의* 한 장이었다. 1989년에서 1991년 사이에 나는 마다가스카르에서 처음으로 현장 연구를 수행했는데, 많은 카리브해 해적들이 마다가스카르에 정착했을 뿐 아니라 그 후손들이 스스로를 해적의 후손으로 여기며 살아가고 있다는 것을 그때 처음 알게 되었다 (이는 내가 생트마리Sainte-Marie 시절의 일을 들먹이는 조상을 둔 어느 여성과 짧게 연애를 했을 때 알게 된 사실이다). 나중에 나는 지금까지 아무도 그들 속에서 체계적인 현장 연구를 수행한 적이 없다는 사실을 알고 깜짝 놀랐다. 나는 심지어 생

* 이 모음집은 2017년 하우 북스에서 출간되었다. David Graeber and Marshall Sahlins, *On Kings*, Chicago: HAU Books, 2017.—옮긴이

애 언젠가 거기서 현장 연구 프로젝트를 수행하기 위한 계획을 짜기도 했다. 하지만 이 계획은 삶에서 우발적으로 생겨나기 마련인 이런저런 일들로 인해 무산되었고 결국 결실을 보지 못했다. 여전히, 나는 언젠가 이 일을 하고 싶다.

나는 영국국립도서관에서 그 당시에 대한 마이예 원고Mayeur manuscript*의 영인본을 얻었는데 이 원고는 뉴욕에 있는, 내가 어렸을 때부터 살았던 아파트의 커다란 전망용 창문 근처 책과 문서 더미 위에 아주 오랫동안 놓여 있었다. 엄청나게 큰 종이에 거의 읽을 수 없는 18세기 필체로 쓰여진 원고였다. 여러 해 동안 무언가 다른 일을 하려고 할 때마다 방 건너편에서 그것이 내게 책망하듯 손짓하는 것 같았다. 그러다가 2014년 경찰 정보당국의 술책으로 그 집을 잃게 되었을 때, 나는 런던으로 가져가기에는 너무 부피가 큰 가족 사진과 문서들을 스캔했는데 그때 그 원고도 그렇게 [디지털 형태로] 옮겼다.

이 텍스트가 한 번도 출판된 적이 없다는 게 내게는 늘 신비한 일이었다. 특히 모리셔스Mauritius에서 작성된 영국

---

* 여기서 언급한 '마이예 원고'는 당시 노예상인이자 모험가였던 프랑스인 니콜라 마이예Nicolas Mayeur가 1806년에 작성한 기록물을 가리킨다. 마이예는 1762년에서 1767년 사이 타마타베에서 지내면서, 베치미사라카 연합의 지도자였던 라치밀라호의 옛 동료들을 만나 그에 관한 인터뷰를 진행했고 나중에 그것을 기록으로 남겼다. 이것은 이 책의 중심인물인 라치밀라호에 관한 상세한 기록으로서도 의미가 있지만, 이 시대 말라가시 역사를 이해하는 중요한 기초 자료이기도 하다.—옮긴이

국립도서관 원본에는 작은 메모가 남아 있는데, 이 텍스트의 타자본이 안타나나리보Antananarivo의 말라가시 학술원 Académie Malgache에 있으니 열람을 원한다면 발레트M. Valette라는 사람에게 자문을 구하라는 내용이다. 그런데 직접 자문을 구하고 타자본 일부를 요약한 프랑스 작가들의 에세이 몇 편은 출간되었지만, 정작 그 자체로 비판적 주석들이 가득 한 학술적인 저서라고 할 수 있는 원본은 한 번도 출간된 적이 없다.

마침내 나는 해적들에 관한 흥미로운 에세이를 쓸 만큼 자료를 충분히 모았다는 사실을 깨달았다. 왕들에 관한 책에 실릴 것으로 생각하고 있었기 때문에 본래 제목은 〈해적 계몽주의: 마다가스카르의 가짜 왕들Pirate Enlightenment: The Mock Kings of Madagascar〉로 정했다. '마다가스카르의 가짜 왕들'이라는 부제는 다니엘 디포Daniel Defoe가 쓴 헨리 에이버리Henry Avery*에 관한 얇은 책을 참고한 것이다. 하지만 글을 쓰다 보니 에세이가 점점 두꺼워졌다. 어느새 A4로 빽빽하

---

* 헨리 에이버리는 1690년대 활약했던 영국 출신의 해적 선장으로, 아프리카대륙을 따라 대서양에서 인도양으로 이어지는 '해적 항로'에서 활약했다(마다가스카르도 이 항로에 있다). 그는 당대의 유명한 해적 선장이었다. 사람들은 그가 막대한 부를 축적했으며 나중에 해적들의 왕국을 세웠다고 말하기도 했다. 18세기 초에 그의 생애와 활약상을 그린 작품들이 많이 출간되었는데, 다니엘 디포의 《해적왕The King of Pirates》(1720)도 그중 하나다. 최근 그의 일대기를 다룬 스티븐 존슨Steven Johnson의 《인류 모두의 적Enemy of All Mankind》(강주헌 옮김, 한국경제신문, 2021)이 번역 출간되었다.—옮긴이

게 70쪽을 훌쩍 넘어섰고, 나는 이 글이 에세이 모음집인 책에 포함시키기에는 너무 긴 것은 아닌지, 주제도 사기꾼 왕을 부각시키려 했던 본래의 의도에서 너무 벗어나 버린 것은 아닌지 심각하게 고민하기 시작했다(게다가 어떤 점에서는 모든 왕이 사기꾼 왕들과 정도의 차이만 있을 뿐 결국은 [왕을 사칭하는] 협잡꾼들 아닌가, 라는 더 큰 물음이 생겨났다).

결국 나는 결심했다. '누구나 긴 에세이는 싫어하지만 얇은 책은 좋아하잖아. 이 에세이를 독립적인 작품으로 만들어서 독자적 가치를 갖게 하는 건 어떨까?'

그래서 나는 그렇게 했다.

× × ×

리베르탈리아 출판사에서 책을 내는 것은 거부할 수 없는 기회였다. 유토피아적인 해적 실험인 리베르탈리아의 이미지는 해방적 좌파들에게 끝없는 영감의 원천이었다. 설령 그것이 실제로 존재하지 않았다고 해도 반드시 존재했어야 할 것처럼 느껴졌다. 또 설령 그것이 문자 그대로의 의미에서는 존재하지 않았으며, 그 이름을 가진 정착지가 없었다고 해도, 해적과 해적 사회가 존재했다는 것 자체가 일종의 실험이었다. 그리고 지금의 혁명적 관점에서 볼 때는 세계에 이루 말할 수 없는 잔혹함을 불러온 거짓된 해방의 꿈으로 간주되는 계몽주의 프로젝트의 가장 깊은 기원에 진정한 대안에 대한 구원적 전망이 있었다.

지적인 측면에서 볼 때, 이 작은 책은 내가 〈서구는 없었다There Never Was a West〉라는 제목의 에세이(프랑스어로는 얇은 책자 형태로 별도 간행되었다)*에서 처음 제시했고, 현재 영국의 고고학자 데이비드 웬그로David Wengrow와 함께 추진하고 있는 더 큰 지적 프로젝트의 한 부분으로 간주될 수 있다.** 요즘 유행하는 말로 이것은 '계몽주의를 탈식민화하기' 프로젝트라 할 수 있다.

우리가 18세기 유럽 계몽주의Lumières의 산물로 보는 많은 관념들이 실제로는 유럽의 노동 계급만이 아니라 다른 대륙에 살던 사람들에게 가해진 이례적인 잔혹함과 착취, 파괴를 정당화하는 데 사용되었다는 것은 의심의 여지가 없다. 하지만 계몽주의 사상을 전면적으로 비난하는 것은 계몽주의가 대학 같은 공식 제도 바깥에서, 주로 여성들이 조직한 역사상 최초의 지적 운동일 수 있으며, 기존의 모든 권위 구조를 무너뜨리는 것을 명시적 목표로 했다는 점을 고려할 때

---

* 이 에세이는 *Possibilities: Essays on Hierarchy, Rebellion, and Desire*(황희선, 최순영, 조원광 옮김, 《가능성들》, 그린비, 2016)에 실려 있는데, 플라마리옹 출판사에서 이 글만을 책 한 권으로 만들어 따로 출간한 바 있다(*La démocratie aux marges*, Flammarion, 2018).—옮긴이

** 여기 언급된 그레이버와 웬그로의 공동 연구는 다음 책으로 출간되었다. David Graeber and David Wengrow, *The Dawn of Everything: A New History of Humanity*, Allen Lane, 2021.—옮긴이

다소 기이한 일이다. 더욱이 1차 자료들을 살펴보면, 계몽주의 사상가들 스스로도 자신들의 사고 원천이 우리가 '서구 전통'이라고 부르는 것의 바깥에 있었다는 점을 꽤 명시적으로 밝히고 있다.

다른 책에서 더 자세히 다룰 한 가지 예를 들자면, 1690년대, 그러니까 해적들이 마다가스카르에 자리를 잡을 그 무렵에 프랑스령 캐나다 총독이었던 프롱트낙 백작의 몬트리올 저택에서는 원형적-계몽주의proto-Enlightenment 살롱 같은 게 열렸다. 그곳에서 백작과 그를 보좌했던 라옹탕Lahontan은 휴런족Huron 원로 정치가인 칸디아롱크Kandiaronk와 기독교, 경제, 성적 관행 등 사회적으로 중요한 문제를 토론했다.* 칸디아롱크는 평등주의적이고 회의적인 합리주의자의 입장을 취한다. 그는 유럽의 법과 종교의 형벌 장치가 경제시스템에만 부합하도록 만들어져서, 결국은 이 장치가 억누르고자 하는 바로 그 행동들을 불가피하게 양산한다고 주장했다. 나중에 라옹탕은 이 토론들 중 일부에 대해 자신이 기록한 내용을 편집해서 1704년 책으로 출간했고, 이 책은 금세 유럽 전역에서 베스트셀러가 되었다. [여기에 영향을 받아] 계몽주의의 거의 모든 주요 인물들이 이 책을 모방한 글을 쓰게 되었다. 하지만 어찌된 일인지 칸디아롱크 같은 인물들은 역사에

---

* 참고로 칸디아롱크에 대해서는 그레이버의 다음 책에 자세히 서술되어 있다. *The Dawn of Everything: A New History of Humanity*, Allen Lane, 2021.―옮긴이

서 사라져 버렸다.

이 토론들이 실제로 있었다는 점을 부인하는 사람은 없다. 하지만 언제나 이렇게 가정된다. 일어난 일들을 기록할 때가 되면 라옹탕 같은 사람들이 칸디아롱크가 실제로 말한 모든 것을 무시하고 그의 말을 전적으로 유럽의 지적 전통에서 비롯된 일종의 '고상한 야만인 환상noble savage fantasy'으로 대체했으리라는 것이다. 다시 말해, 우리는 (실제로는 20세기 초까지도 존재하지 않았던) '서구 문명'이라는 자기완결적 개

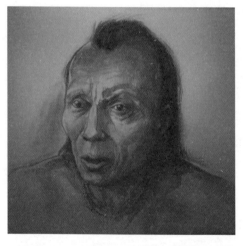

계몽주의 선구자 칸디아롱크. 그는 아메리카 선주민 정치가다. 칸디아롱크는 프랑스 사회에 대해 "프랑스인은 권력을 갖기 위해 다투고, 계급이 높은 사람에 대한 끊임없는 두려움 속에 살고 있으며, 모든 권력을 가진 왕에게 충성하며 스스로 노예로 전락했다. 그들은 한 사람이 다른 사람보다 더 많이 소유해야 하고, 부자가 가난한 사람보다 더 존경받아야 한다고 생각하는데 그것은 무책임하다. 우리에게 야만인이라고 하지만, 가난한 사람을 도와주지 않는 너희들이 더 야만적이다"라고 비판했다.

념을 과거로 투영해왔다. 그리고 우리가 (지금은 사실상 '백인'의 완곡한 표현에 불과한) '서구인'이라고 부르는 사람들의 인종적 오만함에 대한 비난을 구실로 '백인'으로 분류되지 않은 모든 이들이 역사, 특히 지적인 역사에 미친 영향을 배제해 버렸다. 진실로 도착적인 아이러니가 아닐 수 없다.

역사, 특히 급진적 역사가 일종의 도덕 게임이 되어버린 것 같다. 이 게임에서 가장 중요한 것은 자신이 역사의 위인들의 (명백히 실제로 존재했던) 인종주의, 성차별주의, 배외주의를 결코 용서하지 않는다는 점을 분명히 하는 것이다. 그러면서도 루소를 비판하는 사백 쪽의 책이 여전히 루소에 관한 사백 쪽의 책이라는 사실은 전혀 인식하지 못하고 있다.

나는 어린 시절 수피교 작가인 이드리스 샤Idries Shah의 인터뷰에 깊은 감명을 받았던 것을 생생히 기억한다. 그는 유럽과 미국의 수많은 지적이고 품위 있는 사람들이 자신들이 증오하는 사람들의 이름을 외치고 그들의 사진을 흔드는 시위행진에 그토록 많은 시간을 보내는 것이 얼마나 이상한지 지적했다("헤이 헤이, 엘비제이*, 당신은 오늘 얼마나 많은 아이들을 죽였나?"). "그런 시위가 자신들이 비난하는 정치인들에게 얼마나 만족감을 주는지 깨닫지 못하는 걸까요?" 생각건대, 이런 말들이 내가 결국 항의protest의 정치를 버리고 직접

---

* 엘비제이LBJ는 베트남 전쟁 당시 미국의 대통령인 린든 베인스 존슨Lyndon Baines Johnson의 별명이다.─옮긴이

행동direct action의 정치를 받아들인 계기가 되었다.*

이 에세이에 묻어 있는 얼마간의 분노는 여기서 비롯된다. 왜 우리는 칸디아롱크 같은 인물을 인간 자유에 대한 중요한 이론가로 간주하지 않는가? 그는 분명히 중요한 이론가였다. 왜 우리는 톰 치밀라호Tom Tsimilaho 같은 인물을 민주주의의 선구자 중 한 명으로 간주하지 않는가? 휴런족과 베치미사라카Betsimisaraka 사회에 매우 중요한 역할을 수행한 것으로 알고 있는 여성들, 대부분은 그 이름조차 사라져버린 여성들의 기여는 왜 우리가 그런 남성들에 대해 이야기할 때조차 배제되어왔는가? [계몽주의의 산실이었던] 살롱을 조직했던 여성들의 이야기가 계몽을 둘러싼 이야기에서 광범위하게 배제된 것처럼 말이다.

다른 것은 차치하더라도, 이 작은 실험적 역사 서술을 통해 내가 전달하고 싶은 것은 기존의 역사가 심각한 결함을 가진 유럽중심주의적인 것일 뿐만 아니라 불필요하게 지루하고 따분하다는 점이다. 물론 도덕주의에도 은밀한 쾌락은

---

* 그레이버에 따르면 '항의protest'는 무언가를 요구하면서 요구받는 사람들의 권위를 승인하는 효과를 낸다. 항의는 아무리 전투적일 때조차 당국 내지 권력자에게 달리 행동해줄 것을 호소하는 것이다. 반면 '직접행동direct action'은, 그것이 물건을 만드는 일이든 공장을 점거하는 일이든, 기존의 권력 구조가 존재하지 않는 것처럼 행동하는 것이다. 마치 우리가 이미 자유로운 사람들인 것처럼 말이다. 이에 대해서는 데이비드 그레이버, 〈월스트리 점거운동의 아나키스트적 뿌리〉(고병권, 《점거, 새로운 거번먼트》, 그린비, 2012, 255~256쪽) 그리고 David Graeber, *Direct Action: An Ethnography*, AK Press 2009를 참고하라.―옮긴이

코모로 제도

앤터베이 · 인트길만
페네리베 · 샘트마리
폴포인테 또는 암보나볼라
타마타베

모리셔스

레위니옹

마다가스카르

세인트 오거스틴 만

포르도팽

이 책의 주요 무대인 마다가스카르(섬의 크기는 587,000km²로 남한 면적의 약 6배다).

있고, 모든 인간의 행동을 자기과시적 계산으로 환원하면서 일종의 수학적 환희를 찾을 수도 있다. 하지만 이런 것들은 결국 싸구려 쾌락일 뿐이다. 인간 역사에서 실제로 있었던 일들의 이야기가 천 배는 더 흥미진진하다.

그렇다면 이제 근대적 자유의 기원에 놓여 있는 주술과 거짓말, 해전, 납치된 공주들, 노예 반란, 인간사냥, 가짜 왕국과 사기꾼 대사들, 첩자들, 보석 도둑들, 독살자들, 악마 숭배, 성적 강박 등에 관한 이야기를 시작해보겠다. 독자 여러분도 나만큼 이 이야기를 즐기길 바란다.

× × ×

최초의 그리스인들은 모두 해적이었다.
— 몽테스키외, 《법의 정신》

이 책은 해적 왕국에 대한 이야기다. 실제로 존재했던 왕국이기도 하고, 상상의 산물이기도 하다. 또한 실재와 상상의 차이를 말하기가 매우 어려운 시대와 장소에 관한 이야기이기도 하다. 17세기 말부터 다음 세기가 끝날 무렵까지 대략 100년 동안, 마다가스카르의 동부 해안은 해적왕들, 해적의 잔혹 행위들, 해적 유토피아의 그림자극이 펼쳐진 무대였다.

이에 대한 소문은 북대서양 세계 곳곳의 카페와 술집 손님들에게 충격과 영감, 오락거리를 제공했다. 현재 우리의 관점에서, 이러한 이야기를 풀어내어 무엇이 사실이고 무엇이 거짓인지에 대한 정확한 서사를 확립하는 것은 절대적으로 불가능하다.

물론 몇 가지는 분명 사실이 아니다. 이를테면 18세기 첫십 년 동안 유럽의 많은 사람들은 헨리 에이버리라는 선장과만 명의 해적 부하들이 마다가스카르에 거대한 왕국을 세웠고, 이 왕국은 곧 세계에서 가장 강한 해군력을 가진 나라 중하나가 되리라고 믿었다. 사실 이 왕국은 존재하지도 않았다. 이는 사기였다. 대부분 역사가들은 마다가스타르를 배경으로 하는 리베르탈리아 이야기 역시 마찬가지로 거짓이라고 생각한다. 이 이야기는 1723년 존슨 선장이 쓴 《해적들의일반 역사A General History of the Pyrates》의 한 장으로 등장하는데, 존슨은 리베르탈리아를 평등주의 공화국으로 묘사하고있다. 노예제를 폐지하고 모든 것을 공유하며 민주적으로 행정을 집행하는 이 공화국은, 은퇴한 프랑스 해적 선장 미숑Mission이 파문된 어느 이탈리아 사제로부터 철학적 영향을받아 설립했다고 한다.

하지만 역사가들은 미숑이라는 이름의 해적 선장이나파문된 사제(카라치올리Caraccioli라는 이름으로 알려져 있다)가 실제로 존재했다는 증거를 찾지 못했다. 책에 언급된 다

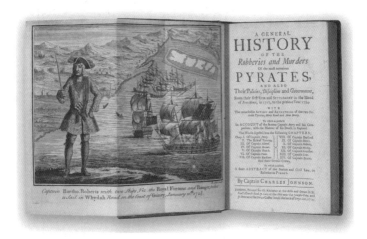

존슨 선장이 쓴 《해적들의 일반 역사》. 평등주의 공화국 리베르탈리아에 대해 서술되어있다. 이 책의 저자 존슨 선장은 다니엘 디포로 알려져 있다.

른 거의 모든 해적들은 문서 기록을 통해 입증될 수 있었는데도 말이다. 마찬가지로, 고고학자들 또한 리베르탈리아의 물리적 존재를 입증할 어떤 증거도 발견하지 못했다. 결과적으로, 이 이야기 전체가 단순히 꾸며낸 것이라는 게 대체로 일치된 의견이다. 몇몇 사람들은 이 이야기가 원래 선원들 사이에서 떠돌던 전설이었지만, 너무 멋진 이야기라 《해적들의 일반 역사》의 저자는 그것이 실재가 아님을 알면서도 책에 담을 수밖에 없지 않았을까 추측한다. 대부분 사람들은 (그가 누구였든 간에) 존슨 선장이 그냥 전체 사건을 날조했다고 본다. 하지만 어느 쪽이 맞는지 신경 쓰는 사람은 별로 없다. '말라가시Malagasy* 해안에 리베르탈리아라고 하는 퇴역 해적들의 유토피아 정착지가 정말로 있었는가?'라는 것만이 유일하게 의미 있는 질문으로 여겨지기 때문이다.

내 생각에 이는 차라리 사소한 질문이다. 미숑이나 카라치올리라는 인물도, 정확히 이 이름[리베르탈리아]을 가진 정착지도 아마 없었을 것이다. 하지만 말라가시 해안에는 분명히 해적 정착지들이 있었으며, 더욱이 이 정착지들은 급진적인 사회 실험의 장이었다. 해적들은 새로운 형태의 통치 및 재산제도를 실험했다. 그들만이 아니었다. 그들과 결혼한 주변 말라가시 공동체의 구성원들도 마찬가지였다. 이들 중 많은 이들이 해적들의 정착지에서 살았고 그들의 배를 타고 항해했으며, 피의 형제 맹약을 맺었고, 그들과 많은 시간 정치적 대화를 나누었다.

미숑 선장 이야기가 실제로 사람들을 기만한 한 가지 방식은 말라가시인을 배제하는 식으로 이야기를 구성한 것이다. [해적들이 이미 말라가시 여성들과 결혼한 상태였다는 이야기는 빼버리고] 해적들이 난파된 배에서 온 [백인] 외국인 여성들을 아내로 맞이했다는 식으로, 그리고 주변의 [말라가시] 사람들을 결국은 해적들을 제압하고 죽이는 적대적인

---

* 이 책에서는 마다가스카르와 말라가시는 같은 뜻으로 쓰이지만, 엄밀히 하자면 말라가시는 마다가스카르의 한 지역이자 주요 종족의 이름이다.—옮긴이

종족들로 묘사함으로써 말이다. 하지만 이것은 이런 상황에서 역사가들과 인류학자들이 으레 하고 싶어 하는 일을 더 쉽게 만들어 주었을 뿐이다. 말하자면 유럽인으로 분류되는 사람들의 정치적 문제와 아프리카인 혹은 아무튼 비백인으로 분류되는 사람들의 정치적 문제를 완전히 별개의 연구 영역, 별개의 세계로 취급하며, 이들이 서로에게 지적인 영향은 물론 어떤 중요한 정치적 영향도 미쳤을 가능성이 없다고 보는 것이다.

사실, 뒤에서 살펴보겠지만, 현실은 훨씬 더 복잡했다. 그리고 또한 훨씬 더 흥미롭고 희망적이었다.

리베르탈리아 혹은 에이버리의 해적 왕국에 관한 이야기들은 결코 고립된 판타지가 아니었다. 더욱이 이러한 이야기들이 존재했고 인기가 있었다는 것은 그 자체로 역사적인 현상이었다. 어떤 의미에서 이 이야기들은 마르크스의 표현을 빌리자면 역사 속의 물질적 힘이라고까지* 말할 수 있을 것 같다. 결국, 지금 우리가 '해적의 황금시대'라고 부르는 것은 사실 40년 내지 50년 정도밖에 지속되지 않았다. 게다가 꽤 오래전 일이다. 그런데도 전 세계 사람들은 여전히 해적들

---

* 마르크스의 다음 문구를 염두에 둔 표현이다. "물질적 힘은 물질적 힘에 의해 전복되어야 한다. 그러나 이론 또한 대중을 사로잡자마자 물질적 힘으로 된다." (《헤겔 법철학비판을 위하여. 서설》《칼 맑스 프리드리히 엥겔스 저작 선집》, 1권, 박종철출판사, 1990, 9쪽)―옮긴이

과 해적 유토피아에 대해 이야기하고 있다. 또한 뒤에서 살펴 보겠지만, 사람들은 이런 이야기들을 거기에 늘 함께했던 주술, 섹스, 죽음 등에 관한 일종의 만화경적 판타지들로 공들여 꾸민다.

이런 이야기들이 지속되는 이유는 그것들이 인간 자유에 대한 특정한 비전을 구현하기 때문이라는 결론을 피하기 어렵다. 그 비전은 18세기 내내 유럽의 살롱에서 채택되었으며 오늘날까지도 지배적인 자유의 비전들과 관련이 있으면서 동시에 그것들에 대한 대안을 제시한다. 세계를 향해 반항의 깃발을 올리고, 노략질한 전리품 위에서 고주망태가 될 때까지 마시며, 심각한 반발의 조짐이 나타나면 냅다 도망치고, 그 뒤에 허풍과 혼란만을 남기는, 나무로 만든 의족을 찬 이빨 빠진 해적은 아마도 볼테르나 애덤 스미스만큼이나 계몽주의의 인물일 것이다. 하지만 그는 또한 필연적으로 폭력적이고 단명할 수밖에 없었던, 대단히 프롤레타리아적인 해방의 비전을 표상한다.

근대적 공장의 훈육 시스템은 배 위에서, 그리고 플랜테이션에서 태어났다. 인간을 기계로 전환시키는 그 기술들을 초기 산업가들이 맨체스터와 버밍엄 같은 도시에 도입한 것은 나중의 일이다. 따라서 누군가는 해적 전설들을 산업혁명의 토대를 쌓기 위한 착취를 겪었던, 새롭게 등장한 북대서양 프롤레타리아트가 만들어낸 가장 중요한 형태의 시적 표현

으로* 볼 수도 있을 것이다.** 이러한 훈육의 형태들 또는 그
것의 더 교묘하고 음험한 근대적 구현들이 우리의 노동생활
을 지배하는 한 우리는 언제나 해적들에 대한 환상을 품을
것이다.

　　그러나 이 책은 해적의 낭만적 매력에 관한 것이 아니다.
이 책은 인류학적 관점을 반영한 역사서이다. 17세기 말과 18
세기 초 수천 명의 해적이 마다가스카르 북동부 연안을 자
신들의 거처로 삼았을 때 거기서 실제 어떤 일이 일어났는
지 밝히려는 시도이며, 더 넓은 의미에서 리베르탈리아가 정
말로 존재했고, 어떤 의미에서 이것을 최초의 계몽주의 정치

_____

* 이 문구는 마르크스가 〈루이 보나파르트의 브뤼메르 18일〉에서 한 말을 연상
시킨다. 마르크스는 부르주아 혁명을 포함하여 이전의 혁명들은 과거의 유령들
을 다시 불러내는 방식으로 이루어졌다고 했다. 루터가 사도 바울을 흉내 낸 것
처럼 과거 위대한 인물들로부터 의상과 구호를 빌려왔다는 것이다. 하지만 마르
크스는 프롤레타리아트 혁명은 달라야 한다고, 19세기 혁명은 과거에서 유령을
불러낼 것이 아니라 미래로부터 시를 얻어야 한다고 했다. "19세기 사회혁명은
과거로부터는 그 시를 얻을 수 없고 오직 미래로부터만 얻을 수 있다. 19세기 사
회혁명은 과거에 대한 모든 미신을 떨쳐버려야만 스스로 시작할 수 있다. 이전의
혁명들은 자기 자신의 내용에 관해 자기 자신을 속이기 위해 세계사를 회상할 필
요가 있었다. 19세기 혁명은 자기 자신의 내용 가까이로 바짝 다가가기 위해 죽
은 자들로 하여금 그 시신을 묻게 해야 한다."(〈루이 보나파르트의 브뤼메르 18일〉,
《칼 맑스 프리드리히 엥겔스 저작 선집》, 2권, 박종철출판사, 1990, 290쪽)—옮긴이
** 신세계의 유럽 노예 플랜테이션들이 사실상 최초의 공장들이었다는 주장을
발전시킨 사람은 《자본주의와 노예제도》를 쓴 에릭 윌리엄스Eric Williams이다
(김성균 옮김, 《자본주의와 노예제도》, 우물이 있는 집, 2014). 또한 이러한 기계화,
감시 그리고 훈육 기법들을 배 위의 노동자들에게 적용된 "인종화되기 이전의
pre-racial" 북대서양 프롤레타리아트라는 개념은 《히드라》를 쓴 피터 라인보우
Peter Linebaugh와 마커스 레디커Marcus Rediker에 의해 정교화되었다(정남영·손
지태 옮김, 《히드라》, 갈무리, 2008).

실험으로 간주할 수 있다는 주장을 펼치려는 시도이다. 아울러 이 실험을 실현시킨 많은 남성과 여성들이 말라가시어를 구사했다는 주장도 펼칠 것이다.

✕ ✕ ✕

해적 유토피아에 관한 이야기들이 널리 퍼졌고 역사적 영향을 미쳤다는 것은 의심의 여지가 없다. 진짜 질문은 그 영향이 실제로 얼마나 광범위했으며 얼마나 깊었느냐 하는 것이다. 나는 이것들이 매우 중요했다고 주장할 충분한 근거가 있다고 생각한다. 우선, 이 이야기들은 매우 일찍, 그러니까 뉴턴과 라이프니츠 시대에 이미 유통되고 있었다. 몽테스키외와 백과전서파로 대표되는 정치이론이 등장하기 훨씬 이전이다. 물론 몽테스키외는 모든 나라들nations이 처음에 유토피아적 실험 같은 것으로 시작되었다고 주장했다. 위대한 입법자들이 자신들의 비전을 제시했으며, 법률이 위대한 나라들의 성격을 형성했다는 것이다. 그런 사람들이 어린 시절과 청소년기에 틀림없이 들었던 이야기들에서 미숑이나 에이버리 같은 해적 선장들은 정확히 그런 시도를 한 사람들로 표상되었다.

몽테스키외가 정확히 열여덟 살이었던 1707년, 영국의 다니엘 디포는 마다가스카르에 정착한 해적들을 고대 로마의 건국자들에 비유하는 소책자를 썼다. 로마의 건국자들을 새로운 영토에 자리 잡아 새로운 법률을 만들고 결국에 위대한 정복 국가로 성장한 도적들에 비유한 것이다. 이런 선언들을 둘러싼 흥분의 상당 부분이 엄청난 과대 선전, 심지어 완전한 사기에서 비롯되었다는 사실은 그런 문제들이 어떻게 받아들여졌는가의 관점에서는 크게 중요하지 않다. 우리는 이 특정한 이야기가 불어로 번역되었는지 여부는 모른다(아마도 번역되지 않았을 것이다). 하지만 새로운 해적 왕국을 대표한다고 주장하는 사람들이 당시 파리를 방문해 동맹을 맺고자 했다는 사실은 알고 있다. 청년 몽테스키외가 그 소식을 들었을까? 다시 말하지만, 우리는 모른다. 하지만 그것이 당시 학생들이 농담하고 논쟁하던 바로 그런 종류의 뉴스였고, 야심 찬 젊은 지식인의 상상력을 사로잡았을 가능성이 크다고 생각하는 것은 이상하지 않다.

우리가 아는 몇 가지 사실이 있다. 그것들을 나열하면서 이야기를 시작해도 좋을 것 같다. 먼저 우리는 카리브해와 여타 지역에서 온 많은 해적들이 17세기 마다가스카르 북동부 해안을 따라 정착했으며, 그들의 말라가시 후손들('자나-말라타Zana-Malata')이 오늘날까지도 자기정체성을 가진 집단으로 그곳에 남아 있다는 것을 안다. 또한 우리는 그들의 도착이 일련의 사회적 격변들을 낳았으며, 궁극적으로 18세기 초 베치미사라카 연합Betsimisaraka Confederation이라 불리는 정치체 형성으로 이어졌다는 것을 알고 있다. 또한 이 연합이 한때 통치했던 영토—거의 7백 킬로미터에 달하는 해안지대—에 살고 있는 사람들이 지금도 자신들을 베치미사라카라고 부르며, 마다가스카르에서 가장 고집스럽게 평등주의적인 사람들로 통한다는 사실도 알고 있다. 우리는 이 연합의 창시자로 알려진 인물의 이름이 라치밀라호Ratsimilaho라는 것, 그가 당시 암보나볼라Ambonavola(아마도 지금의 폴포인테Foulpointe로 알려진 도시)라는 정착지 출신의 영국 해적의 아들로 알려졌다는 것, 그리고 암보나볼라는 당시 영어로 쓰인 기록물에 일종의 유토피아적 실험이 있었다고, 다시 말해 해적선의 전형적인 민주주의 조직 원리를 육지에 정착한 공동체에 적용하려 했다고 쓰여 있음을 알고 있다. 마지막으로 우리는 바로 그 도시에서 라치밀라호가 결국 베치미사라카의 왕으로 선포되었다는 사실을 알고 있다.

이 모든 사실은 상당한 확실성을 가지고 말할 수 있는 것들이다. 하지만 이를 넘어서면 자료는 극도로 혼란스러워진다. 이를테면 식민지시기에 확립된 공식 연대기는 라치밀라호가 1720년에서 1756년까지 베치미사라카의 왕으로 군림했다고 말한다. 두 세대 후의 기록들은 그를 일종의 계몽주의 철학자 왕으로 묘사한다. 라치밀라호가 개인적 천재성으로 베치미사라카를 세웠지만, 유럽의 과학과 문명을 도입하려던 야심 찬 계획들은 그의 해적 동맹의 패배와 프랑스 노예상인들의 약탈로 인해 결국 좌절되었다는 것이다. 하지만 이러한 기록들은 당대의 기록들과 아귀가 맞지 않는다. 당대의 기록들은 이 동일 인물—혹은 어쨌든 동일한 인물로 보이는 사람—을 때로는 왕으로, 때로는 그저 지역 우두머리 중 한 명으로 기록한다. 한 기록에서는 그를 존 플랜틴John

이 책의 중심인물 라치밀라호. 그는 타모 혹은 톰이라고 알려진 영국인 해적과 말라가시 여인 라헤나의 아들로 태어났다. 라치밀라호는 해적선의 민주주의 조직 원리를 육지에 정착한 공동체에 적용해 베치미사라카 연합을 만들고, 베치미사라카의 왕으로 불렸다.

Plantain이라는 이름의 자메이카 해적 '왕'의 부관으로 묘사하고 있기도 하다. 또 다른 기록은 그를 완전히 다른 지역에 있는 어느 마다가스카르 군주의 부관으로 그린다.

더욱이 고고학자들은 베치미사라카 왕국이 실제로 존재했다는 증거를 전혀 발견하지 못했다. 왕국이라는 말에 합당한 의미에서 말이다. 당시 마다가스카르의 다른 지역에 세워진 국가들은 분명한 물질적 흔적을 남기고 있지만, 북동부 해안을 따라서는 왕궁이나 공공사업, 조세 제도, 관료계층, 상비군의 존재, 혹은 오래된 농촌 생활 패턴의 중대한 변화를 보여주는 어떤 증거도 없다.

이 모든 것을 어떻게 이해해야 할까?

이 작은 책에서 나는 기존의 증거에 대한 포괄적 해석을 제공할 수는 없지만—그것은 어떤 식으로도 불가능할 것이다—그것들을 해석할 수 있는 일반적인 틀을 제공하고자 한다. 나의 분석은 몇 가지 지점에서 이 시기에 대한 기존의 이해와 갈라선다.

무엇보다 나는 당시 마다가스카르에서, 특히 해적들의 영향을 받은 지역에서, 강력한 왕국에 관한 이야기들이나 심지어는 왕실처럼 보이는 것들의 실제 존재를 반드시 액면 그대로 받아들여서는 안 된다고 주장할 것이다. 당시 해안 지역에는 외부인들을 홀리기 위한 포템킨 궁정*을 세울 모든 재료가 있었고, 외국인 관찰자들이 마주친 '왕들' 중 적어도 몇 명은 단순히 꾸며내기make-believe 게임을 하고 있었다는 것이 꽤 분명하다. 그들의 표면상 신하였던 말라가시인들의 적극적인 공모 아래 말이다. 해적들은 특히 이런 게임에 능숙했다. 사실 '해적의 황금시대'가 전설로 남아 있는 한 가지 이유는 당시 해적들이 전설을 다루는 데 매우 능숙했기 때문이다. 그들은 두려움을 불러일으키는 폭력에 관한 것이든 영감을 고취시키는 이상에 관한 것이든, 경이로운 이야기들을 거의 전쟁 무기처럼 써먹었다. 비록 그 전쟁이 당시 새롭게 출현하던 세계 권력 구조 전체에 맞선, 잡다한 무법자 무리의 필사적이고 결국은 실패할 수밖에 없었던 투쟁이었다고 해도 말이다.

둘째로, 나는 모든 성공적인 선전들이 그러하듯이 이 이야기들 또한 진실의 요소들을 담고 있다는 점을 강조할 것이다. 리베르탈리아 공화국은 문자 그대로의 의미에서는 존재하지 않았을 수 있다. 하지만, 해적선들, 암보나볼라 같은 해적 마을, 그리고 주장컨대, 해적들과 긴밀히 협력한 말라가시의 정치적 행위자들이 설립한 베치미사라카 연합 자체는 여러 측면에서 급진적 민주주의를 실험하는 의식적 시도들이었다. 나는 그것들이 실제로 계몽주의 정치사상 최초의 움직

---

* 포템킨 궁정Potemkin courts은 '볼품없는 상태를 은폐하기 위해 겉모습을 화려하게 꾸며놓은 것'을 가리키는 표현으로 포템킨 마을Potemkin village이라고도 한다.—옮긴이

임들 중 일부를 나타낸다고까지 주장하고자 한다. 그들은 정치철학자들에 의해 발전되고 한 세기 후 혁명정권들에 의해 실행될 관념들과 원칙들을 탐색했던 것이다. 어쨌건 이는 베치미사라카의 명백한 역설, 실패한 철학자 왕이 세운 것으로 알려져 있지만 실제로는 오늘날까지도 고집스럽게 평등주의를 추구하며 어떤 지배자의 권위도 받아들이기를 거부한 것으로 악명 높은 베치미사라카 사람들의 역설을 설명해줄 수 있을 것이다.

× × ×

이 책의 제목을 '해적 계몽주의'로 정한 것은 분명 도발적이다. 더구나 요즘은 계몽주의 자체가 평판이 나쁘기에 더욱 그렇다. 18세기 계몽주의자들은 스스로를 급진주의자로 여기며 모든 물려받은 권위의 족쇄를 부수고 인간 자유에 대한 보편적 이론의 기초를 마련하고자 했지만, 오늘날의 급진적 사상가들은 계몽주의 사상을 전통적 권위의 극치로 보는 경향이 있다. 이들은 계몽주의를, '과학적' 인종주의와 근대적 제국주의, 착취, 집단학살의 기초가 된 근대적인 합리적 개인주의의 토대를 마련한 지적 운동으로 간주하는 것 같다.

계몽주의 사상으로 교육받은 유럽의 제국주의자들, 식민주의자들, 노예소유주들이 세상을 휩쓸었을 때 실제로 이런 일이 일어났다는 것은 의심의 여지가 없다. 물론 인과관계에 대해서는 논쟁의 여지가 있다. 만약 이런 사람들이 (수세기 전에 그랬던 것처럼) 종교적 신념을 통해 자신들의 행위를 정당화했다면 그들의 행동이 달랐을까? 아마도 그렇지 않을 것이다. 하지만 내가 볼 때 그간 이어져 온 논쟁들 대부분은 우리를 더 근본적인 질문으로부터 멀어지게 만든다(나는 이런 생각을 다른 곳에서 이미 제기한 바 있다).[1] 그것은 바로 계몽주의 이상들, 특히 인간 해방에 대한 계몽주의 이상들이 과연 의미 있는 방식으로 '서구적'이라고 불릴 수 있는가라는 것이다.

나는 미래의 역사가들이 이러한 문제들을 돌아볼 때, 대부분은 '그렇지 않다'고 결론 내릴 가능성이 크다고 본다. 유럽 계몽주의 시대는 무엇보다 지적 종합의 시대였다. 과거에는 지적으로 후미진 곳이었던 영국과 프랑스가 급작스레 세계 제국의 중심이 되어 (그들로서는) 깜짝 놀랄 만큼 새로운 사상들을 접하게 되면서, 예를 들어 아메리카에서 온 개인주의와 자유의 이상들, 중국에서 영감을 받은 관료제 국민 국가라는 새로운 개념, 아프리카의 계약 이론들, 그리고 중세 이슬람에서 독창적으로 발전된 경제 및 사회 이론들을 통합하려 했던 것이다.

실천적인 종합이 진행되고 있는 한에서—다시 말해, 특히 계몽주의 초창기에 누군가가 이 모든 새로운 사상들의 빛 아래서 사회관계를 조직하는 새로운 방식을 실험하고 있는 한에서—그것은 명백한 이유로 여전히 온갖 구체제의 지배 아래 있던 유럽의 대도시들이 아니라 새롭게 출현하는 세계체계의 주변부에서 일어났다. 특히 이런 일들은 종종 제국주의적 모험과 함께 열린 상대적으로 자유로운 공간들에서, 그리고 그것들이 흔히 수반하는 사람들의 재배치와 함께 일어났다. 이것들은 자주 기존의 사람들과 문명들을 파괴하는 끔찍한 폭력의 부차적 효과들이었다. 그러나 이것이 전부가 아니라는 점을 기억해야만 한다.

나는 이미 지나가는 말처럼[2] 이 모든 것에서 해적들의 중요성을 언급했다. 특히 이들이 새로운 형태의 민주주의적 통치governance의 발전을 선도했다는 점에서 그렇다. 해적단은 온갖 종류의 사람들로 구성되어 있었고, 매우 다양한 종류의 사회적 배치에 관한 지식을 갖고 있었다(한 배에 영국인, 스웨덴인, 도망친 아프리카 노예, 카리브해의 크레올인, 아메리카 선주민, 아랍인 등이 함께 있었다). 이들은 임시변통적rough-and-ready 평등주의에 헌신했으며 새로운 제도적 구조의 신속한 창출이 절대적으로 요청되는 상황에 함께 던져졌기에, 어떤 의미에서는 민주주의를 실험하는 완벽한 상황에 있었다고 할 수 있다. 저명한 유럽 정치사상사 연구자들 중 적어도 한 명은 북대서양 세계에서 계몽주의 정치가들이 이후에 발전시킨 민주주의 형태의 일부가 아마도 1680년대에서

1690년대 사이 해적선에서 먼저 시도되었을 것이라는 주장을 펼친 바 있다.

지도력이 위로부터 부여되는 게 아니라 지도를 따르는 이들의 동의에서 나올 수도 있다는 사실은 아마도 근대 초기 대서양 세계 해적단에게는 충분히 가능한 경험이었을 것이다. 해적단원들은 선장을 선출했을 뿐만 아니라 [선장의 권력을 견제할 수 있는] 대항 권력(항해장과 선원들의 평의회 형태), 그리고 개인 및 집단의 계약 관계(노획물의 분배와 업무상 상해에 대한 보상 비율 등을 명시한 성문화된 규약 형태)에도 익숙했다.[3]

이러한 형태의 새로움이 영국과 프랑스의 저자들로 하여금 리베르탈리아와 같은 해적 유토피아를 판타지화하도록 했다는 것은 분명하다. 하지만 이러한 이야기 속에서 주요 행위자들은 언제나 유럽인들이었다. 리베르탈리아 이야기가 대표적인 사례이다. 우리는 이 이야기를 1724년 찰스 존슨 선장이라는 이름—아마도 다니엘 디포의 필명이었을 것이다—으로 출간된 《해적들의 일반 역사》라는 책을 통해서만 알 수 있다. 그곳 정착민들은 모두 유럽계였으며, 다수결과 사유재산제를 기반으로 하되, 노예제, 인종적 구분, 조직화된 종교 등을 폐지하는 일종의 자유주의적 실험을 시작한다.

거의 모든 유명한 해적들(톰 튜Tom Tew, 헨리 에이버리 등)이 여기에 참여했다고 한다. 이 이야기는 그들이 흥분한 선주민들의 공격을 받고 제압됨으로써 끝나는데 선주민들이 이들을 공격한 이유는 확실치 않다. 허울 좋게 인종적 평등을 내세우고 있지만 그 실험에 말라가시인은 참여하고 있지 않다.

이 같은 기록들 속에서 선주민은 결코 스스로 정치 실험을 할 만한 사람들로 간주되지 않는다. 실제로 이러한 (궁극적으로 인종주의적인) 편견은 식민지 시기의 역사 서술은 물론이고 대부분의 현대적 역사 서술에서도 계속되고 있다. 유럽 언어를 사용하는 사람들이 수행한 정치 실험들은 말라가시어를 사용하는 사람들이 수행한 정치 실험과 전혀 무관한 것으로 취급된다. 설령 거의 정확히 같은 시간과 장소에서, 서로 매일 접촉하는 행위자들이 수행한 실험이라 할지라도 말이다.

예컨대 역사적 통설에서 해적들이 베치미사라카 연합 창설에 영향을 미쳤음을 인정한다면, 그 영향은 글자 그대로 유전적인 것으로 간주된다. 표준 역사에 따르면 베치미사라카는 라치밀라호라는 특별한 카리스마를 가진 말라타Malata—유럽인 해적과 말라가시 어머니 사이에서 태어난 자녀—의 영도력 아래에서 다른 말라타들에 의해 만들어졌다. 수동적인 말라가시 선주민들은 단순히 그러한 부름에 응했을 뿐이다. 게다가 라치밀라호는 언제나 국민 국가와 같은 유럽의 기성 발명품을 수입한 자일 뿐 자신만의 고유한 정치적 기여는 아무것도 없었던 자로 표상된다. 프랑스 역사가인 위베르 데샹Hubert Deschamps은—오늘날까지도 거의 그대로 유지되는—식민주의 시기의 통념을 다음과 같이 서술한다.

> 해적의 아이였던 그 위대한 사람은 스스로의 총명함과 인품으로 군주의 자리에 올랐다. 그는 무정부 상태, 전쟁, 비참함 속에서 살아온 동부 해안의 여러 부족들을 하나로 모을 수 있었다. 그는 이들을 강력하고 번영하는 국가로 만들었고, 그 국가가 지속성과 결속력을 갖도록 했다. … 그는 이 커다란 섬에, 틀림없이 유럽 국가들이 그에게 모범을 보여준 영토 국가의 감각을 처음으로 도입한 사람이다. … 〚하지만〛 그가 죽은 후 그의 왕국은 조금씩 해체되었다.[4]

사실 이런 표준적 관점 대부분은 면밀한 검증을 버티지 못한다. 뒤에서 보겠지만, 우선 라치밀라호는 명백히 실존했고, 라헤나Rahena라는 이름의 현지 말라가시 여성과 타모Thamo 혹은 톰Tom이라는 이름의 영국 해적 선장의 아들인 것으로 보인다. 하지만 연합이 창설될 당시 말라타들 대부분은 어린아이였다.* 더욱이 우리가 가진 자료들에 따르면 당시 성인 말라타들은 라치밀라호를 제외하면 모두 이 일에 연관되기를 거부했음이 명백하다.

둘째로, 라치밀라호 왕국이 조금이라도 '영토 국가'를 닮았다는 증거가 전혀 없다. 사실은 왕국 자체가, 그것이 어떤 종류든 상관없이, 존재했다는 실질적 증거가 없다. 이 지역에 대한 고고학적 조사에 따르면,[5] '왕국' 창설 이후에도 정착 패턴에는 아무런 변화가 없었다. 고고학자든 누구든 당시 북동부 지역에서 행정적 위계나 사회 계급 체계 같은 것의 증거를 발견하지 못했다. 모든 증거가 시사하는 바는 대부분의 결정이, 언제나 그래왔던 것처럼, 그 결정들의 결과와 관련이 있는 모든 사람이 의견을 말할 권리를 갖는 민중 회합popular assemblies에서 내려졌다는 점이다. 실제로, 우리가 보게 될 것처럼, '왕국'의 창설 이후 오히려 정치적, 사회적 조직이 이전보다도 **덜** 위계적이었을 것이라고 믿을 만한 이유가 있다. 이를테면 초기 기록들에 언급된 서열 등급이 있는 전사 귀족들이 사라진다. 이로 인해 회합들은 오히려 더 중요해진다. 물론 자나-말라타가 점차 일종의 내혼하는 세습 귀족 같은 것으로 변해갔고, 세기말에는 조상 해적들처럼 코모로 제도Comoro Islands, 심지어는 잔지바르Zanzibar까지 조직화된 습격을 자행한 것도 사실이다. 하지만 그들은 근본적으로는 언제나 사회의 외부자로 간주되었고, 결국 그들의 정치 권력은

---

* 그뿐만 아니라, 대충 보아도 1691년까지는 마다가스카르에 활동하던 해적의 숫자가 많지 않았기 때문에, 1712년 전쟁이 시작되었을 때 21세를 넘는 말라타는 존재할 수 없었다. 라치밀라호 자신도 당시 18세였다고 한다.

1817년 그 영토가 고지대에 기반을 둔 마다가스카르 왕국에 병합될 무렵 민중 봉기로 무너졌다.[6]

우리는 역사적으로 참으로 기이한 사례를 마주한 것 같다. 이것은 외부 세계를 향해서는 카리스마 넘치는 해적의 자식을 중심으로 조직된 왕국으로 자신을 내보이지만, 내부적으로는 발달된 사회 계급 체계 없이 분권화된 풀뿌리 민주주의로 운영되는 정치체이다. 이것을 어떻게 설명해야 하는가? 실제 어떤 역사적 유사 사례라도 있는가?

사실 가장 명백한 유사물은 해적선 자체일 것이다. 해적 선장들은 흔히 외부인들에게 무시무시하고 권위적인 악당으로서의 명성을 얻기 위해 노력했지만, 자신들의 배 위에서는 다수결로 선출되었을 뿐 아니라 마찬가지 방식으로 언제든 해임될 수 있었다. 그들은 추격이나 전투 중에만 명령을 내릴 권한을 가졌고, 그 외에는 다른 사람들처럼 회합에 참여해야 했다. 선장과 항해장(항해장은 회합의 사회를 보았다)을 제외하면 해적선에는 아무런 서열도 없었다. 더욱이 우리는 이러한 조직 형태를 말라가시 본토로 옮기려 한 명백한 시도들을 알고 있다. 마지막으로, 우리가 뒤에서 보게 될 것처럼, 몇몇 말라가시 항구 도시들에 발판을 마련한 해적들이나 다른 의심스러운 인물들이 주변 공동체에서 실제 사회관계들을 재조직하기 위한 어떤 일도 하지 않으면서도 자신들이 왕이나 군주*인 것처럼 가장하려 한 오랜 역사가 있다.**

베치미사라카는 실제로 그들의 커뮤니티들에서 사회관계들을 재조직했다. 다만 그것을 실제 군주제에서 행하던 방식으로 하지 않았을 뿐이다.

이 책에서 내가 주장하고자 하는 바는 해적들의 출현이 해안 지역에서 일련의 혁명들

말라가시 여성들.

을 촉발했다고 말할 수 있다는 점이다. 이러한 혁명들 중 첫 번째이자 아마도 가장 중요한 혁명은 주로 여성들이 선도한 것으로, 그때까지 외국인들과 북동부 해안 사람들 사이를 중개해 온 씨족의 의례적, 경제적 권력을 깨뜨리는 것을 목표로 했다. 베치미사라카 연합 창설은 사실상 두 번째 혁명이며, 첫 번째 혁명에 대한 일종의 남성 백래시backlash로 보

---

* 여기서 군주prince는 독립적인 지역 통치자를 뜻한다.—옮긴이

** 이 책의 원작이 된 에세이의 원래 부제는 다니엘 디포의 작은 책 《해적왕: 마다가스카르의 가짜 왕, 에이버리 선장의 유명한 모험담The King of Pirates: Being an Account of the Famous Enterprises of Captain Avery, the Mock King of Madagascar》(1720)에서 영감을 받았다. 짧은 기간 동안, 에이버리나 그의 대리인들, 어쩌면 그의 대리인인 척했던 사람들은 심지어 유럽의 몇몇 왕족들마저도 그가 마다가스카르섬에 야심 차고 새로운 해적 왕국을 건립한 사람이라고 믿게 만들었다.

는 것이 가장 적절할 것이다. 겉으로는 해적들을 내세우고 혼혈 해적왕의 형식적인 지도력 아래, 씨족 지도자들과 야심찬 젊은 전사들은 내 생각에 그들만의 원형적-계몽주의 정치 실험이라고 볼 수 있는 것을 수행했다. 이는 해적의 통치 방식과 전통적인 말라가시 정치 문화의 더욱 평등주의적인 몇몇 요소들을 창조적으로 종합한 것이다. 일반적으로 왕국 창설의 실패한 시도로 치부하는 것을 실제로는 말라가시인들이 주도한 해적 계몽주의의 성공적인 실험이었다고 보는 것도 얼마든지 가능하다.

1장

해적 공동체의 숨겨진 역사

말라가시 북동부의 해적과
가짜 왕들

해적들,
마다가스카르에 오다

　해적에 대해 객관적인 태도를 취하는 것은 매우 어렵다. 대부분 역사학자들은 시도조차 하지 않는다. 17세기 해적에 관한 문헌들은 대개 대중 문학 속의 낭만적 찬양이거나, 해적을 원형적 혁명가로 볼 것인지 아니면 단순한 살인자, 강간범, 도둑으로 볼 것인지에 대한 학술 논쟁으로 나뉜다.[1] 나로서는 이런 논쟁에 뛰어들 마음이 없다. 아무튼, 온갖 종류의 해적이 있었다. 해적 선장으로 기억되는 사람들 중 일부는 사실 점잖은 척하는 약탈자, 사략선*의 선장, 혹은 이런저런 유럽 국가들의 공식적·비공식적 대리인이었다. 또 어떤 해적들은 그저 허무주의적인 범죄자였을지도 모른다. 그러나 많

---

* 사략선은 국가로부터 특허장을 받아 적국의 상선을 약탈하고, 노획물을 국가와 배분한 개인소유의 무장선박이다.—옮긴이

은 해적들이, 비록 짧은 기간이었고 많은 면에서 분명 잔인했지만, 실제로 자신들만의 도덕 규범과 민주적 제도를 발전시켰고, 일종의 전복적 문화와 문명을 만들었다. 아마 그들에 대해 가장 잘 말하는 방법은, 그들의 잔인함은 당대의 기준에서 전혀 이례적이지 않은 것이었지만, 그들의 민주적 관행은 거의 전례가 없는 것이었음을 지적하는 것이리라.

17세기와 18세기 마다가스카르에서 일어난 일과 밀접한 관련이 있는 것으로 보이는 해적들 또한 급진적 역사학자들이 높이 평가하는 이 뒤쪽 그룹의 해적들이었다.

약간의 배경 설명이 필요할 것 같다.

초기 해적선들 일부는 통제를 벗어나 독자적으로 행동하는 사략선이었지만, 해적단은 전형적으로 반역에서 태어났다. 16세기 유럽 선박의 규율은 자의적이고 잔혹했기 때문에 선원들로서는 자주 반란을 일으킬 만한 이유가 있었다. 하지만 육지의 법은 가혹했다. 반역을 일으킨 선원들은 자신의 사형선고장에 스스로 서명한 셈이라는 것을 알고 있었다. 해적이 된다는 것은 이러한 운명을 받아들이는 것이었다. 반란을 일으킨 선원들은 '전 세계에 대한 전쟁'을 선포하고 '해적기Jolly Roger'를 올렸다. 여러 변형들이 있지만 해적기는 그 자체로 하나의 의미이다. 그것은 보통 악마의 이미지로 여겨졌지만, 종종 두개골이나 뼈다귀만이 아니라 모래시계도 그려져 있었다. 이는 ("너는 죽은 목숨이다"라는) 위협보다

해적 황금시대의 해적기.

는 ("시간문제일 뿐, 어차피 우린 죽은 목숨이다"라는) 도전의
순수한 선언을 의미한다. 수평선 위에서 이러한 깃발을 발견
했을 평범한 선원들에게 이는 더욱 전율할 만한 것이었으리라.
해적기를 게양하는 것은 해적단이 자신들이 지옥으로 향하고
있음을 받아들인다는 것을 선언하는 방식이었다.

　17세기 북대서양 세계에서 이러한 종류의 도전—법률뿐
만 아니라 신에 대한 도전—이 얼마나 심각한 일로 여겨졌을
지는 잠시 생각해볼 가치가 있다. 악마를 받아들이는 것은

가벼운 일이 아니었다. 당시의 해상생활을 기준으로 생각할 때, 절도, 폭력, 잔인함은 일상적인 것이었지만 신성모독과 종교의 체계적 거부는 전혀 다른 차원의 문제였다. 선원들의 말투는 지금이나 그때나 거칠기로 유명하지만, 해적들의 경우엔 종종 그것이 진정한 이데올로기가 되었던 것처럼 보인다. 지옥이 끊임없이 손짓했다. 이것이야말로 외부 관찰자들이 늘 강조했던 점이다. 클레멘트 다우닝Clement Downing이 쓴 존 플랜틴이라는 해적의 역사도 이렇게 시작한다.

> 존 플랜틴은 자메이카섬의 초콜릿 홀에서, 영국인 부모에게서 태어났다. 그의 부모는 그에게 자신들이 가진 최고의 교육을 베풀기 위해 노력했다. 그것은 바로 말을 배우기 시작할 때부터 저주하고, 욕하고, 신성모독하게 한 것이다.[2]

이 저자는 자신도 선원이었는데, 말라가시 마을 주민들이 해적 퇴치 원정 중인 자기 선원들을 환영하는 것을 보며 느낀 공포를 기록했다. 그에 따르면, 주민들은 "빌어먹을 존! 나, 너 사랑해!God damn ye, John! Me love you!"라고 열렬히 외쳤다. 그 주민들은 해적들로부터 영어를 배웠던 것이다.[3]

플랜틴은 이후 마다가스카르에 정착해 '랜터베이Ranter Bay의 왕'으로 알려진다. 학자들은 오랫동안 이 칭호에 흥미를 느꼈다. '랜터베이'는 말라가시어 란타베Rantabe('큰 해변')

를 영어식으로 표기한 것 같지 만, 랜터파the Ranters에 대한 언 급이 아니라고 보기도 어렵다. 랜터파는 두 세대 전 사유재산 과 기존의 성도덕 폐지를 공개 적으로 설교한 급진적인 노동 자 계급의 반율법주의 운동이 었다(실제로 영국에서 신성모독 법은 주로 이들을 억압하기 위 해 도입되었다). 랜터파의 사상 이 해적들에게 직접적인 영향 을 미쳤다는 역사적 증거는 없 지만*, 이는 적어도 그들이 동 시대인의 마음에 불러일으킨 연상이 어떤 종류의 것인지 알

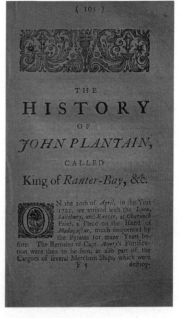

클레멘트 다우닝의 《인도전쟁사》 105쪽, "랜 터베이의 왕이라 불리는 존 플랜틴의 이야 기"가 등장한다.

려준다. 이 남자들(인도양의 해적들은 거의 전적으로 남성이었 다)은 일종의 죽음의 공간에서 살았던 자들로, 법을 준수하 는 사람들이 보기에 지옥행이 정해진 자들이었다. 그들은 그

---

* 〈급진적인 해적들?Radical Pirates?〉이라는 제목의 에세이(《17세기 영국의 인물과 사상People and Ideas in Seventeenth-Century England》에 포함)에서, 크리스토퍼 힐 Christopher Hill은 자메이카나 다른 카리브해 식민지에 피신한 (급진적 퀘이커 교도와 랜터파를 포함한) 반율법주의자들이 해적들에게 영향을 미쳤거나 심지 어 해적이 됐을 수도 있다고 했지만, 이는 추측에 불과하다.

들 자신이 악마가 아니라면, 스스로 악마화되는 것을 도착적인 방식으로 받아들이기로 결심한 사람들로 간주되었다.

대해적시대로 알려진 시기의 해적들buccaneers*은 대서양에서 등장했다. 그들은 신세계에서 오는 선박들을 약탈했다. 슬슬 그 막바지에 이른 스페인 보물선단과 서인도 제도의 플랜테이션 경제에서 흘러나오는 새로운 부를 실은 선박들이었다. 이후 해적들은 점차 향신료, 비단, 귀금속을 실은 유럽과 아시아의 상선이 오가는 인도양 쪽에 훨씬 더 부유한 먹잇감들이 많다는 것을 깨닫게 되었다. 인도와 그 너머에서 출발해 메카를 향해 순례하는 무슬림들이 건너가는 홍해에서 특히 매력적인 전리품들을 약탈할 수 있었다. 마다가스카르는 이러한 습격을 위한 이상적인 기지였다. 일종의 법적 회색 시대에 있었기 때문이다. 마다가스카르는 대서양 노예무역을 조직한 영국 왕립 아프리카 회사의 관할 범위에 속하지 않았을 뿐 아니라, 동인도 회사의 관할권에서도 비켜나 있었다. 서쪽 해안과 남쪽의 어느 지점까지에는 강력한 왕국들이 존재했지만, 광활하게 열린 북동부에는 천연 항구들이 풍부했다. 이것들은 이후 페네리베Fenerive, 타마타베Tamatave, 풀포인테, 생트마리 같은 항구 도시들로 성장하게 될 곳들이다.

생트마리, 또는 세인트 메리는 사실 유럽 상인들이 안톤

---

* buccaneers는 원래 '사냥꾼'을 뜻하는 프랑스어이지만 해적을 뜻하는 말로도 통용된다.—옮긴이

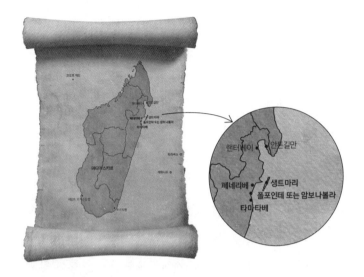

페네리베, 타마타베, 풀포인테, 생트마리 위치.

길Antongil만 바로 남쪽에 있는 섬에 붙인 이름이다. 이 섬은 적어도 1650년대부터 탐험가들과 약탈자들의 단골 정박지였다. 말라가시 사람들은 이를 노시 보라하Nosy Boraha라고 부른다. 이 섬은 풍부한 물과 안전한 항구로 유명한데, 1691년 이후에는 요새, 선박 수리소, 시장을 갖춘 악명 높은 해적기지가 되었다. 현역 및 은퇴한 해적들, 도망자들, 이런저런 탈주자들과 그들의 다양한 말라가시 아내들, 동맹자들, 상인들, 그리고 부랑자들로 이루어진 작은 도시의 인구는 계절에 따라 수십 명에서 천 명 넘게까지 변동했다.

생트마리를 세운 것은 애덤 볼드리지Adam Baldridge라는 사람으로, 그 또한 자메이카에서 살인 혐의로 수배 중이던 전직 해적이었다. 그는 사무엘 필립스라는 뉴욕 상인의 대리인 일자리를 얻었는데, 필립스는 매우 성공했지만 비양심적인 것으로 악명 높은 인물이었다. 필립스는 이미 그 지역을 알고 있었다. 그는 1680년대 후반 이 섬에서 노예를 사기 위해 배를 보내는 일에 관여했고, 이를 통해 '합법적인' (노예) 상업의 거점을 설립하는 척할 수 있었다. 실제 업무는 주로 해적들에게 물자를 공급하고 전리품을 처분하는 것이었지만 말이다. 이로 인해 한동안 생트마리와 뉴욕 사이에 활발한 무역이 이루어졌다. 카리브해에서 인도양으로 '해적 항로'를 따라 항해하는 배들은 대체로 선체를 수리하고 식량과 무기를 보급받기 위해 반드시 생트마리에 들려야 했다. 성공적으로 약탈을 마친 후에는 이곳으로 돌아와서 전리품을 팔았다. 항해를 잠시 쉬거나 신분을 숨기고 귀향하고자 하는 선원들은 이곳에 머물렀고, 일부는 영구 거주했다.

볼드리지는 요새의 주인이었고 때때로 자신을 '해적왕'이라고 칭하는 것을 좋아했지만, 다른 사람들이 그를 그렇게 불렀다거나 해적 무리에서 그가 정말로 가장 우월했다는 증거는 없다. 이 도시에는 안정적인 정부는 물론 안정적인 인구조차 없었던 것 같다. 대부분 사람들에게 이곳은 잠시 쉬어가는 곳이었기 때문이다. 더 오래 머물고자 했던 사람들은 종종 음주와 여러 방종한 생활로 인해 악화된 열대 질병으로 상당히 빨리 죽었다. 살아남은 사람들은 보통 [말라가시] 본토에 정착했다. 시간이 지나면서, 은퇴한 해적들의 수는 수천 명으로 늘어났고, 북동부 해안 곳곳에 작은 해적 정착지들이 생겨났다.

지나치게
환상적인 약탈품

홍해에서 활동하는 해적들은 종종 엄청난 양의 현금과 금, 보석, 비단과 무명천, 상아, 아편, 그리고 다른 여러 가지 이국적 물건들을 차지했지만, 이 물건들을 처분하는 데 상당한 어려움을 겪었다. 이 점을 염두에 두지 않고 생트마리의 중요성을 이해하는 것은 불가능하다. 1690년대에 다이아몬드와 전리품이 가득한 큰 가방을 들고 런던의 보석상에 가서, 이를테면 10만 파운드의 현금으로 바꾸는 것은 오늘날과 마찬가지로 불가능했다. 특히 누가 봐도 별 볼 일 없어 보이는 출신의 사람들이 그처럼 큰 금액을 처분하려고 하면 즉각 수사 당국의 주목을 받게 될 것이다. 금액이 클수록 문제는 더 많았다.

역사책들은 특정 약탈에 참여한 해적 단원들이 전리품

에서 12만 파운드어치의 보물을 소유하게 되었다는 이야기를* 반복하면서 이것이 오늘날 몇백만 파운드에 해당하는지를 성실하게 계산한다. 하지만 해적들이 그것을 이를테면 콘월 해안이나 케이프 코드의 웅장한 해변 저택으로 바꾸는 것은 사실상 불가능했다. 아마도 서인도 제도나 레위니옹Réunion에서 부패했고 매수 가능한 식민지 관리를 찾아낸다면, 전리품 대부분을 내어주는 대가로 정착민의 삶을 얻을 수도 있었을 것이다. 그렇지 않은 이상 약탈품 일부라도 현금화하기 위해서는 치밀한 계획이나 가짜 신분을 만들어내야 했을 것이다.

해적 역사상 아마도 가장 큰 전리품을 손에 넣었던 헨리 에이버리(일명 헨리 에브리, 일명 벤 브리지먼, 일명 롱 벤)의 사례는 많은 것을 말해준다. 에이버리는 1694년 5월 **찰스호**Charles라는 사략선에서 선원들이 반란을 일으킨 후 선장으로 뽑혔다.[4] 인도양으로 향하던 그들은 강력하게 무장한 채 메카로 향하고 있던 무굴제국 선박 호위대를 공격하는 함대에 합류하게 된다. 긴 추격전과 전투 끝에 **강이사와이호**Ganj-i-Sawai와 **파테 무함메드호**Fateh Muhammed라는 배 두 척을 나

---

* 미국계 해적 토머스 튜Thomas Tew에 관한 이야기가 아닐까 싶다. 튜 해적단은 홍해에서 인도 무역선을 나포했는데 이때 10만 파운드가 넘는 금과 은, 향신료, 직물 등을 얻었다고 한다(스티브 존슨, 강주헌 옮김, 《인류 모두의 적》, 한국경제신문, 2021, 162쪽).—옮긴이

포했다. 그리고 (이후 무굴 왕실이 영국 정부에 제기한 청구서에 의하면) 추정컨대 약 60만 파운드의 전리품을 확보했다.

이 이야기의 한 유명한 판본에 따르면, 에이버리는 배 위의 가구들을 뒤덮고 있는 보석이 단순한 유리 조각이 아니라는 것을 가장 먼저 알아챘고, 다른 선원들이 금과 동전을 모으는 동안 끌을 들고 다니며 다이아몬드를 파내 자루에 가득 담았다. 이 이야기는 분명 전설일 것이다. 사실 선원들은 보물을 공평하게 나누었을 것이다. 곤란은 오히려 전리품을 처분하는 데 있었다. 그 정도로 값진 물건들을 처분하는 것은 볼드리지조차 도울 수 없었다. 그 때문에 선원들 일부는 레위니옹으로 떠났고, 해적선은 우선 총독이 부패했다는 소문이 있는 나소Nassau[현재 바하마이 수도]로 뱃머리를 돌렸다.

문제는 장물이 지나치게 환상적이었다는 점이었다. 격분한 [무굴제국 황제] 아우랑제브Aurangzeb는 영국 정부가 공모했다고 비난하며 자국에 있는 동인도 회사 대표들을 구금하고 추방하겠다고 위협했다. 영국 정부는 당연히 에이버리를

---

* '호스티스 후마니 제네리스Hostis humani generis' 즉 '인류 모두의 적'은 해사법海事法에서 연원한 근대 초기 국제법 조항이다. 이 조항은 수 세기 동안 주로 해적들에게만 적용되었는데, 이들이 저지른 범죄의 잔혹성을 부각시키려는 면도 있지만(인류에 대한 범죄), 실제로는 해적들의 약탈이 법적 관할권이 모호한 공해상에서 이루어졌기 때문에, 어느 곳에서든 당국이 해적을 처벌할 수 있도록 법적 근거를 만든 것이었다(스티브 존슨, 앞의 책, 65~66쪽).—옮긴이

'인류 모두의 적emeny of all mankind'*으로 선언했고 국제적인 인간사냥이 세계 최초로 공표되었다. 에이버리의 일부 선원들은 북미 식민지 전역에 흩어졌고 다른 이들은 이름을 바꾸고 아일랜드로 돌아갔다. 몇몇은 물건을 처분하려다 적발되었고 그중 일부는 동료들을 밀고했다.

결국, 24명이 체포되었고 6명이 무굴 정부를 달래기 위해 공개적으로 교수형에 처해졌다. 그러나 에이버리의 운명은 미스터리로 남는다. 그는 끝내 체포되지 않았다. 어떤 이들은 그가 도주한 지 얼마 지나지 않아 죽었다고 말했다. 다른 이들은 그가 마침내 현금을 손에 넣을 방법을 찾았고 열대 지방 어딘가에서 느긋하게 은퇴했다고 주장했다. 또 다른 주장에 의하면, 에이버리가 수배자는 무슨 일을 당해도 고발하지 못한다는 것을 알고 있는 브리스톨 다이아몬드 상인들에게 조직적으로 속아 넘어갔고, 수년 후 해변 빈민가에서 자기 장례식에 쓸 관조차 살 수 없는 가난뱅이로 죽었다고 한다.

그러나 에이버리의 국제적 악명이 해적들에게 단지 부담이었으리라고 결론짓는 것은 너무 단순할 것이다. 그를 둘러싼 전설들은 이후 많은 해적들, 그리고 아마도 에이버리 자신에게도 (우리는 그에게 정말로 무슨 일이 있었는지 모른다) 기존 권력 구조와 더 유리하게 협상할 수 있는 수단을 제공했다. 자신을 해적 왕국의 대표라고 주장함으로써 말이다. 소문은 곧 퍼지기 시작했는데, 많은 경우 분명히 생트마리 해적들 스스로가 조장한 것이었다. 에이버리는 여전히 마다가스카르에 있었는데, 사실은 **강이사와이호**가 나포된 후 무굴 제국 황제의 딸이 그 대담한 해적에게 반해서 함께 도망쳤고 그래서 마다가스카르에 새로운 왕국을 세웠다는 식이다. 어떤 이들은 에이버리가 난공불락의 요새에서 공주 신부와 함께 섬을 통치하고 있다거나, 혹은 모든 재화가 공유되는 유토피아적 민주주의를 실험 중이라고 했다(이런 이야기들이 리베르탈리아로 변형되었다).

얼마 지나지 않아 이 상상 속 해적 국가의 사절들이 유럽 전역의 왕실에 나타나, 인도양 남서부를 지배하는 신흥 왕국에 대해 소개했다. 자신들은 온갖 국적을 가진 수천 명의 해적과 동맹자들, 거대한 함대를 가지고 있으며 동맹국을 찾고 있다고 말이다. 그들은 1707년 영국 왕실에, 1712년과 1714년에는 프랑스와 네덜란드 왕실에 접근했

마다가스카르의 해적왕 헨리 에이버리. 에이버리가 해안에서 다른 선박을 공격하는 모습을 묘사한 삽화.

다. 여기서는 별 성공을 거두지 못했지만 몇 년 후 러시아, 오스만제국, 스웨덴에서는 훨씬 호의적인 반응을 얻었다. 스웨덴 정부는 실제로 임시조약에 서명하고 대사를 보낼 준비까지 마쳤지만 막판에 속임수라는 것을 깨달았다. 표트르 대제는 마다가스카르에 러시아 식민지를 건설하기 위해 해적들과의 동맹을 활용하는 것을 고려했다.[5]

물론 우리는 이 '사절들'이 실제의 해적들과 어떤 식으로든 연관되어 있었는지, 아니면 그저 독자적인 사기꾼들이었는지 알 수 없다. 하지만 이 이야기들은 유럽인들의 상상력에 깊은 영향을 미쳤다. 새로운 해적 국가의 대의를 옹호한 최초의 작가 중 한 명이 젊은 다니엘 디포였다. 그는 1707년 자신의 저널인 《리뷰》에서 에이버리의 왕국을 인정해야 한다는 정교한 주장을 발표했다. 그는 로마를 포함한 많은 고대의 나라들이 해적 왕국과 유사하게 이런저런 도적들에 의해 건국되었음을 지적했다. 또한 영국 정부가 이와 같은 신흥세력과의 관계를 정상화하지 않는다면, 그곳은 전 세계의 야심찬 범죄자들의 안식처가 되어버릴 것이며 제국에도 위험이 될 수 있다고 주장했다.

얼마 지나지 않아 이 모든 일이 사기였음이 밝혀졌다. 그럼에도 불구하고 다양한 대중 소설들이 등장했는데, 첫 번째는 1709년 아드리안 반 브룩Adrian van Broeck이 쓴 《현재 마다가스카르를 소유하고 있는 유명한 영국 해적, 존 에이버리 선장의 삶과 모험》이라는 제목의 팸플릿이었다. 10년 후엔 디포 자신이 《해적왕: 마다가스카르의 가짜 왕, 선장 에이버리의 방랑 및 해적질에 대한 유명한 모험담, 이전에 발표된 모든 가짜 정보를 폭로함》(1719)이라는 작품으로 모든 기록을 바로잡으려 했다. 무굴제국 공주는 삭제되었고, 유토피아적 실험은 결국 실패한 것으로 그려졌다. 몇 년 후, 존슨 선장이라는 필명으로 《해적들의 일반 역사》(1724)를 집필하면서 디포는 에이버리를 더욱 격하시켰다. 그를 다이아몬드 더미를 훔쳐 달아났지만 빈곤 속에서 죽는 무능한 악당으로 만들고, 그의 선원들은 말라가시 본토에서 비참과 홉스적 혼돈에 빠진 것으로 묘사한다. 그리고 (이제는 리베르탈리아라고 불리는) 위대한 유토피아 실험 이야기를 완전한 상상 속 인물인 미송 선장에게로 옮겨버린다.

진정한 해적 정착지,
생트마리

생트마리의 실제 역사는 상대적으로 평범해 보일 수 있지만, 그곳은 진정한 해적 정착지였다. 인도양 선박을 약탈하던 이들은 여기서 손쉽게 피난처와 동료를 찾을 수 있었다. 적어도 1691년부터 1699년 사이 이곳은 약탈품 일부를 생필품과 교환할 수 있는 곳이었다. 연중 여러 차례 상선들이 뉴욕으로부터 맥주, 와인, 증류주, 화약, 무기뿐만 아니라 모직물, 거울, 도자기, 망치, 책, 바늘과 같은 필수품을 싣고 왔다. 돌아갈 때는 해적의 약탈품과 맨해튼에서 노예로 팔릴 마다가스카르 포로들을 배에 가득 싣고 떠났다.

해적들의 파멸을 초래할 뻔했던 것은 아이러니하게도 후자, 즉 생트마리의 합법적이고 '정당한' 상업이었다.

마다가스카르에서 노예무역은 전혀 새로운 것이 아니었

다. 아랍 상인들은 중세 시대부터 내부 전쟁에서 포로들을 획득했다. 그럼에도 유럽인들이 인도양에 진출한 초기 마다가스카르의 항구는 노예 매매를 위한 장소라기보다 곳을 오가는 선박들의 보급과 수리를 위한 장소로 여겨졌다. 그러다가 유럽에서 점차 이국적 낙원으로서의 명성 같은 것을 얻었다. 섬의 토양과 기후의 장점을 칭송하는 문서들이 발행되었고, 프랑스와 영국 정부 모두 여기에 식민지를 건설하려고 했다. 프랑스는 동남부의 포르도팽Fort Dauphin(1643~74년)에, 그리고 영국은 남서부의 세인트 오거스틴만St. Augustine Bay(1644~46년)에 식민지 건설을 시도했지만 둘 다 실패했다. 안톤길만에 거점을 만들고자 했던 네덜란드의 시도 역시 좌절되었다. 사실, 이 시기에 대한 큰 수수께끼들 중 하나는, 동아프리카뿐만 아니라 페르시아만, 스리랑카, 수마트라 등 인도양 지역 전역에서 온 상인들, 정착민들, 난민들을 환영하고 받아들인 마다가스카르의 오랜 역사에도 불구하고, 유럽 정착민들은 거의 아무런 발판도 마련하지 못했다는 점이다.[6]

여기에는 유럽 정착민들이 노예무역에 관여하기 시작한 것이 어느 정도 영향을 미쳤다고 할 수 있다. 노예무역에 관여한다는 것은 말라가시 사회에서 가장 폭력적이고 사랑받지 못했던 집단인 도적들이나 자칭 전사 군주들과 손을 잡았음을 의미했다. 그러나 이것만으로는 완전히 설명할 수 없다. 많은 아랍 상인들도 같은 일을 했지만 그들의 정착은 훨씬 성공적이었기 때문이다. 아마도 또 다른 이유는 말라가시 사람들이 외국인들의 합당한 행동거지에 대한 기대치를 갖고 있었는데, 유럽인들이 이를 따르지 않으려 했거나 따르는 데 실패했던 것에 있었을 것이다.

이런 측면에서 서부 해안과 동부 해안에서는 다소 이질적인 전통이 발전했다. 서부 해안에서는 안탈라오트라 Antalaotra 즉 '바다 사람들Sea People'이라 불리는 아랍과 스와힐리 상인들이 상거래를 지배했다. 그들은 자신들만의 항구 도시를 형성하고 고향 공동체와 지속적으로 접촉했다. 그들은 주로 자기들끼리 결혼했지만, 말라가시 군주들과 긴밀한 동맹을 맺어 화려한 사치품과 무기를 공급하고 열대 산물과 노예를 받았다. 동부 해안의 상황은 꽤 달랐다. 그곳의 외국인들은 주로 인도양 전역에서 온 정치적, 종교적 난민들로 구성된 것처럼 보였고, 이들은 현지 주민들과 혼인하여 새로운 엘리트 계층의 핵심이 되었다. 때로는 새로운 왕조나 귀족 계층이 되었고, 때로는 주술사, 치료사, 지식인이 되었으며, 때로는 이 모든 역할을 겸하기도 했다.

16세기와 17세기의 유럽 정착민들은 이 두 전략 중 어느 것도 추구하지 않았다. 그들은 말라가시 유력자들과의 동맹 위에서 독립적인 거점을 형성하지도 않았고, 현지인들과 혼인하여 복잡한 귀족 정치 게임에 전적으로 참가하려 하지도 않았다. 첫 번째 전략의 경우, 유럽 상인들은 (특히 초기에는)

말라가시 동맹국에게 동양의 사치품을 선사할 만한 위치에 있지 않았다. 선사할 수 있는 동양의 사치품이 없었기 때문이다. 인도양의 고대 무역 세계에서 그들은 대체로 외부인에 머물러 있었고, 그들의 자국 물건들은 왕들에게 적합해보이지 않았다. 유일한 예외는 화기火器였지만, 이는 유럽인들을 단지 폭력적인 야만인에 불과하다고 생각하는 말라가시 사람들의 인상을 더욱 강화시키는 경향이 있었다.

시간이 지나면서 먼저 네덜란드인들, 그다음 프랑스인들과 영국인들이 보이나Boina와 메나베Menabe의 사칼라바Sakalava 왕들의 후원자였던 안탈라오트라를 대체하는 데 성공했지만, 그저 우월한 화력을 이용해 비단, 도자기, 화려한 사치품의 기존 무역 네트워크를 힘으로 장악한 깃에 불과했다. 다시 말해, 그들은 해적들과 크게 다르지 않았으며, 확실히 그 지역의 거의 모든 사람에게 그렇게 인식되었다. 지역민에게 해적, 노예상인, 식민주의자, '합법적인 상인'의 구분은 그저 이국적 법률의 무수한 미사여구에 불과했다. 유럽 선박을 타고 온 사람들이 실제로 어떻게 행동할지와 관련해서 그런 말들은 아무 의미도 없었다. 아베 로숑Abbé Rochon은 섬을 지나가는 유럽 선박들에 대해 이렇게 언급한다.

[유럽 선박은] 자주 무력으로 식량을 조달하곤 했다. 섬 주민들이 소, 가금류, 쌀 같은 것을 빨리 제공하지 않으면 예

상치 못한 괴롭힘을 가하거나, 마을을 불태우거나, 포격으로 주민들을 공포에 떨게 함으로써 말이다. 이런 폭력적 행위 후 섬 주민들에게 유럽 선박이 공포와 재앙의 전조가 된 것은 누가 봐도 납득할 만하다.[7]

한편, 두 번째 전략을 시도한 식민주의자들 또한 유럽인들의 인종차별주의 때문에 마다가스카르 사회에 완전히 통합될 수 없었다. 이를 가장 잘 보여주는 일화는 포르도팽에서 프랑스 식민지가 어떤 최후를 맞이했는지와 관련이 있다. 총독들은 대부분 중요한 현지 가문과 혼인 관계를 맺을 만큼 영리했고, 대부분의 식민주의자—거의 모두가 남성이었다—는 곧 말라가시 아내와 가족을 갖게 되었다. 하지만 이 전략은 그들을 현지 정치에 휘말리게 했고, 일부 프랑스인 관찰자들조차 "끔찍한 잔혹함"이라고 묘사한 행동을 촉발시켰다.[8] 오래지 않아 주변 인구는 그들에게 극도로 적대적으로 변했고, 말라가시 친족들만이 그들의 유일한 보호막이었다. 그런데 프랑스 여성들이 등장했을 때 그들은 즉시 이 친족들을 버렸고 그 결과는 재앙이었다.

식민지의 종말은 1674년에 왔다. 부르봉(레위니옹)으로 향하던 젊은 여성들을 태운 배가 항구에서 난파되었을 때였다. 이 여성들은 식민주의자들과 결혼하게 해달라고 총독을 설득했다. 그러자 식민주의자들의 마다가스카르 아내들이 식민주의자들에게 등을 돌리고 [이들이 자신들을 버리고 백인 여성들과 결혼하려 한다는 사실을] 말라가시 부대에 일러바쳤다. 결혼 축제 중에 백여 명이 학살당했다. 생존자들은 대포를 쏠 수 없도록 못질을 해두고 창고를 불태운 후 배를 타고 황급히 떠났다.[9]

이런 불행한 역사를 고려할 때, 해적들이 이전의 유럽 정착민보다 말라가시 이웃들의 마음을 얻는 데 더 나았다고 말하는 게 얼마나 의미가 있을지는 모르겠다. 하지만 해적들이 그들의 동포들보다 몇 가지 실질적인 이점을 가지고 있었던 것은 분명하다. 첫째, 그들은 현지 동맹국들을 대집할, 종종 상당한 양의 동양 사치품들에 실제로 접근할 수 있었다. 둘째, 고국의 사회적, 정치적 질서를 완전히 거부한 그들로서는 말라가시에 완전히 통합되지 않을 아무런 이유가 없었다.

얼마 지나지 않아 외국인 관찰자들은 생트마리 항구에서 "가장 아름다운 인도 재료에 금은으로 수를 놓은 드레스를 입고, 금목걸이와 팔찌, 심지어 상당한 가치의 다이아몬드까지 착용한"[10] 말라가시 여성들에 대해 보고하기 시작했다. 볼드리지 자신도 현지에서 결혼했고 여러 자녀를 낳은 것으로 보인다. 많은 해적들이 정착하여 정말로 말라가시인이 된 것 같다. 더 정확히 말하면, '내부의 외부자internal outsiders'

라고 불리는 혼혈 말라가시 외국인의 전통적인 역할을 맡게 되었다. 이들은 외국 상인들과 내부인을 중재할 수 있었으며 그곳의 해안 지역에 익숙했다.

그러나 이러한 과정이 완전히 순탄했던 것은 아니다. 여기서 교훈적인 것은 볼드리지의 운명이다. 생트마리에서의 사업이 적어도 반쯤은 합법적이었기 때문에—1690년대의 대부분 기간에 무법자들과의 거래를 금지하는 법은 아직 없었다—그는 이전의 유럽 상인들이 최악의 행동을 하도록 촉발했던 것과 같은 본국의 압력을 일부 받았다. 볼드리지 스스로의 후기 진술에 따르면, 그는 섬에 요새를 세웠고 그곳을 본토에 만연한 소규모 전쟁들, 계속 이어지는 습격과 보복 습격에서 도망친 사람들의 피난처로 만들었다. 또한 그 자신도 난민들의 도움을 얻어 습격을 조직함으로써 포로가 된 그들의 친척들과 교환할 수 있는 포로들을 얻었다. 물론 일부 포로들은 이 과정에서 맨해튼으로부터 정기적으로 오는 상선에 팔렸다. 하지만 그 숫자는 뉴욕에 있는 필립스를 만족시키기에 충분하지 않았던 것 같다. 볼드리지와 그의 후원자 사이에 오간 서신 중에 남아 있는 일부를 보면, 볼드리지가 공급한 노예들의 숫자와 열등한 품질에 대한 분노에 찬 항의가 끝없이 이어진다.

비난이 계속되기는 했지만 그래도 꽤 많은 수의 말라가시 노예들이 실제로 뉴욕에 도착했던 것 같다. 그 숫자를 가

늠해 보려면 다음 사실을 고려하면 된다. 1741년 뉴욕 당국이 도시 봉기를 계획하고 있다고 의심되는 혁명 세포 네트워크를 적발했을 때, 이들이 언어별로 조직되어 있다는 것을 발견했다. 가장 많은 것은 서아프리카 언어인 판테Fante, 파파Papa, 이그보Ibbo 사용자들, 아일랜드어 사용자들, 그리고 말라가시어 사용자들이었다.[11]

모리셔스와 레위니옹에 설탕 플랜테이션이 만들어지고 있다는 것을 알게 되자 필립스는 볼드리지를 더욱 압박했다. 이 플랜테이션들은 즉시 노예를 공급할 수 있는 가까운 시장이었기 때문이다. 그가 볼드리지를 어떻게 압박했는지는 명확하지 않지만 심각한 수준이었던 것은 분명하다. 1697년, 이 늙은 해적은 철저히 자기 파괴적인 배신행위를 저지르고 만다. 그는 수십 명의 말라가시 동맹자들, '남자, 여자, 아이들'을 상선으로 유인하고 쇠사슬에 묶어 대서양 너머로 보냈다.* 소문이 퍼지자 현지 혈족의 지도자들은 해적들 스스로가 자신들의 환대를 저버렸다고 판단한 것 같다. 몇 달 후 생트마리와 본토의 해적 정착지를 향한 조직적인 공격이 가해

---

* "볼드리지는 선주민들의 반란과 해적들의 죽음의 원인이 되었다. 그는 생트마리섬의 수많은 선주민 남녀노소를 배에 유인해 태운 뒤, 마스카린Mascarine 또는 마스카론Mascaron이라 불리는 프랑스령 섬으로 데려가 노예로 팔았다. 볼드리지의 이러한 배신행위에 섬의 선주민들은 해적들의 목을 베어 복수했다."(Testimony of William Kidd, May 5, 1699, in Jameson, ed., *Privateering and Piracy in the Colonial Period*, 187).

졌다. 생트마리에서는 요새가 파괴되고 약 30명의 해적들 목이 잘렸다. 바다로 도망쳐 목숨을 건진 자들은 극소수에 불과했다. 본토에서는 해적들이 더 쉽게 도망친 것으로 보인다. 그들은 (어쩌면 단지 경고용으로 파견됐을 수 있는) 공격자들을 물리쳤는데, 어떤 경우에는 미리 경고를 받았을 수도 있다. 적어도 한 곳—아마도 나중에 풀포인테가 된 주요 항구 도시 암보나볼라—에서는 말라가시 동맹자들이 그들을 보호했다.[12]

볼드리지는 운이 좋았다. 공격이 일어났을 때 그는 모리셔스를 향해 항해 중이었고, 무슨 일이 일어났는지 알자마자 곧바로 미국으로 떠났다. 6개월 후 다른 상업 대리인인 에드워드 월시Edward Walsh가 그를 대체했고, 얼마 지나지 않아 수백 명의 약탈자들로 번성하는 섬의 도시에 관한 이야기가 다시 나오기 시작했다. 그러나 새로운 요새는 세워지지 않았다. 생트마리에서의 노예무역도 중단되었다. 약탈품 거래 또한 어려워졌다. 에이버리의 국제적 악명과 이후 등장한 키드 선장 Captin Kidd(그 또한 생트마리에 근거지를 두고 있었다)의 악명은 결국 런던과 뉴욕 정부로 하여금 보다 단호한 조치를 취하도록 만들었다. 범죄자들에 대한 보급이 불법화되었고, 상징적인 의미의 징벌적 원정대가 파견되었다(이들은 해적을 찾는데 실패했다). 그때쯤 대부분 해적들은 본토에서 살고 있었으며 그들과 말라가시 주민들 사이의 관계도 변화한 것으로 보인다.[13]

진짜 리베르탈리아,
암보나볼라

1697년 해적 정착민들 역시 이전의 모든 유럽인 예비 정착민들이 마다가스카르섬에서 겪은 것과 거의 같은 운명을 겪을 뻔 했다. 그들이 살아남을 수 있었던 것은 오직 본토에 정착한 이들이 말라가시 이웃들과 좋은 관계를 맺은 덕분이었다. 노예상인들에 대한 태도 변화는 특히 극적이다. 결과적으로 생트마리 반대편 해안의 해적들은 노예무역에 가담하기는커녕 노예무역으로부터 해안을 효과적으로 방어하게 되었다. 해적들이 새로운 배를 얻는 방법이 주로 노예선들을 공격하거나 은밀히 탈취하는 것—이는 종종 탈취되는 배의 선원들의 묵인 아래 이루어졌으며 그들 또한 이 과정에서 해적이 되었다—이었기 때문이다. 이런 사실과 반란의 확산에 대한 두려움이 분쟁을 대하는 해적들의 태도에 커다란 변화를 불러온 것 같다. 볼드리지 같은 사람들이 ([노예선에 넘길] 포로들을 양산하는) 현지의 소요 사태를 기반으로 번성하고 그런 소요 사태를 선동하는 것으로 악명 높았던 곳에서, 존슨 선장의 일부 자료에 의하면, 해적들은 그런 사람들과는 정반대로 행동하는 것이 이익이 된다는 사실을 점차 깨달았다.

존슨의 《해적들의 일반 역사》에서 반란 이후 이 시기의 위대한 영웅은 나다니엘 노스Nathaniel North라는 인물이다. 노스는 버뮤다 출신으로 영국 왕립 해군에 강제 징집되었으나 1698년 탈출해서 반역자가 되었다. 기록들은 그를 언제나 마지못해 해적질하는 유별나게 양심적인 해적으로 묘사

카리브해의 유명한 해적들. 왼쪽이 여자 해적 앤 보니, 가운데 찰스 베인, 오른쪽은 블랙 비어드(검은 수염)로 불린 에드워드 티치다.

한다. 일련의 모험과 시행착오를 겪은 후 그는 나포한 인도 선박의 지휘를 맡게 된 것으로 전해진다. 배는 **디파이언스호** Defiance라는 새로운 이름을 얻고 52문의 대포로 무장되어 있었다. 이 배는 포르도팽에서 닻을 잃고 표류하다가 1703년 크리스마스에 암보나볼라로 불리는 연안의 만으로 흘러간다. 그곳은 말라가시의 꽤 중요한 도시였던 것으로 보인다. 몇몇 해적들의 기록에 쌀과 기타 보급품들을 사기 위해 배들이 들르는 정박지로 언급되어 있고, 일부 해적들이 결국 실패하긴 하지만 정착하려고 노력했던 곳이기 때문이다.*

노스는 다시 한번 [정착을] 시도한 것 같다. 당시 배에는 나포 전 그 배의 선원이었던 인도인 십여 명이 함께 있었다. 어느 밤, 배를 지키는 경비가 없을 때 노스는 인도인 선원들에게 지금이 배를 되찾아서 고향으로 갈 기회라고 말했고,

---

* 더 중요한 사실은 생트마리를 제외하면 여기가 그들이 언급하고 있는 지역의 유일한 도시였다는 점이다. 볼드리지는 1690년 생트마리로 배를 타고 간 뒤 쌀을 사기 위해 "생트마리에서 16리그[77㎞] 떨어진 마다가스카르의 본노볼로Bonnovolo에" 정박했다고 적었다(Fox, *Pirates in Their Own Words*, 345). 또 바렛 Barrett이라는 해적은 자신의 선원들이 무어인들의 배를 나포하고 1697년 그것을 생트마리에 남겨두고 떠난 후 자신은 "마다가스카르의 보노볼로Bonovolo라고 불리는 지역"에 살기 위해 갔고 "거기서 1698년 4월까지 살았다"라고 증언하고 있다(Fox, 70). 따라서 암보나볼라는 해적들이 도착하기 이전에 이미 주요 무역항이었고, 해적들 역시 그곳에 적어도 1697년경에는 정착했다고 할 수 있다. 비록 1703년 부흥하기 전에 잠시 내버려진 시기가 있기는 했지만 말이다. 이 모든 것들은 정확한 것은 아니지만 다음과 같은 사실, 즉 이 마을이 1697년 반란에 저항했으며, 나중에 '풀포인테'라고 알려진 마을과 동일한 마을이었다는 사실을 지지해준다.

그들은 그렇게 했다. 다음날 노스의 선원들이 간밤에 배가 없어진 것을 알아차렸을 때 노스는 선원들의 부주의함을 꾸짖었다. 그들은 이 문제를 개의치 않고 웃어넘겼고 크리스마스 축제가 끝난 후 자신이 처한 상황을 최대한 잘 활용하기로 결정했다. 중요한 것은 그들이 육지에서도 기존 조직을 유지하기로 결정했고 노스를 정착지의 '선장'으로 선출했다는 점이다. 그리고 존슨에 따르면,

어쩔 수 없으니 편히 지내보자는 마음으로 그들은 자기 물건을 서로 조금씩 떨어진 거주지로 옮긴 뒤 정착하여 가축과 노예들을 사들였고, 서로 이웃하여 5년을 보냈다. 꽤 넓은 땅을 개간하여 얌이나 감자처럼 식량이 될 만한 작물을 심었다.

그들이 정착했던 곳의 선주민들 사이에는 잦은 분쟁과 전쟁이 있었는데, 해적들이 중재에 나서 여러 갈등을 조정하려 했다. 노스는 종종 그들의 분쟁에 대해 판결했는데, 공평무사하고 분배적 정의에 엄격했던지라 (모두가 그의 존경할만한 훌륭한 자질을 인정했다), 패소한 쪽조차 그 이유를 납득했고 그가 내린 결정의 공정성에 만족하며 돌아갔다.

이어지는 내용은 분명 과장되고 낭만화된 설명이지만 터무니없는 것은 아니다. 일시 체류 중인 외국인들은 그들이

어떤 사람들이었든 간에 자주 현지 분쟁들을 중재해달라는 요청을 받곤 한다. 또한 해적들의 원만함에 대한 묘사도 역사적 사실에 근거한다. 외부인들이 자주 목격한 것처럼 해적들은 항상 무장해 있었으며 자주 술에 취해 있었음에도 불구하고, 거의 서로 주먹다짐을 벌이는 일이 없었기 때문이다.

해적들은 다툼을 유발하지 않도록 신중히 행동했고, 자신들 사이에서 발생할 수 있는 모든 불만사항을 노스와 열두 명의 동료들 앞에서 열리는 차분한 청문회에 회부하는 데 동의했다. 해적들이 보여준 이런 평화적 성향들, 그들이 보여준 원만한 삶의 방식은 백인에 대해 많은 편견을 갖고 있던 선주민들에게 좋은 인상을 주었다. 아니, 그 정도가 아니었다. 그들은 자신들 사이의 화합을 유지하는 데 정말 빈틈이 없어서 누군가 목소리를 높이거나 짜증 난 어조로 말하기만 해도 동료 모두에게 질책을 받았다. 특히 그것이 현지인들 앞에서라면 설령 그 현지인이 자신의 노예라고 할지라도 마찬가지였다. 왜냐하면 단결과 화합만이 스스로의 안전을 보장할 수 있는 유일한 수단이라고 생각했기 때문이다. 현지인들은 아주 사소한 일로도 서로 전쟁을 벌일 준비가 되어 있었기에, 백인들 사이에서 관찰되는 어떤 분열이라도 자신들의 이익을 위해 이용할 것이며, 언제든 적당한 기회가 생기면 자신들을 몰살시킬 것이라는 점을 의심치 않았다.

말하자면, 해적들은 현지 분쟁의 중립적 중재자로 자리 잡았을 뿐 아니라, 내부적인 원한 같은 것이 드러나지 않도록 신중히 처신했다. 볼드리지 같은 사람이 말라가시의 분열을 이용한 것과 같은 방식으로 말라가시 사람들이 자신들의 내적 분열을 이용하지 못하도록 말이다. 저자(존슨, 다시 말하지만, 아마도 다니엘 디포일 가능성이 매우 크다)는 그 결과로 고안된 임시변통적인 정부에 대해 상세히 적고 있다.

어떤 실수로 분쟁이 생기거나 동료들 사이에서 어떤 무례한 행동이 일어나면 그들은 모두 흩어지고, 그중 한 사람이 그들 앞에 있는 술을 바닥에 쏟으며 "손실을 낳지 않는 갈등은 없다"고 말한다. 그렇게 더 큰 피해를 방지하기 위해 악령에게 술을 바치는 것이다. 이후 다툼을 벌이던 양측에게는 [해적] 사회에서 추방되어 섬의 다른 지역으로 보내지는 처벌을 각오하고 다음 날 아침 노스 선장 앞에 출두할 것, 그때까지는 각자의 집에 머물 것이 명령된다.

다음 날 아침 양측이 나오고 모든 백인이 소집되면, 선장은 원고와 피고를 한쪽에 앉힌 후 말한다. "가해자가 정의를 행하는 데 동의하고 피해자가 노여움을 풀 때까지 그들은 둘 다 공공의 적으로 간주되며 그들을 친구나 동료로 보지 않을 것이다." 그런 다음 그는 회합의 모든 참석자의 이름을 적은 표를 둘둘 말아 모자 안에 넣는다. 모자를 흔든 뒤 양측이 각각 여섯 개의 표를 뽑는데 이 열두 개의 표 혹은 두루마리에는 보조판사의 이름이 적혀 있고, 이들은 선장과 함께 증인들을 소환하고 조사하여 사건에 대한 판결을 내리게 된다.

분쟁이 일어난 사실을 어떤 말라가시인도 알아차리지 못하도록 이 모든 것은 철저히 비밀리에 진행되었다. 기록에 따르면, 다음 날 판결이 내려졌다. 얼마간의 벌금 부과가 불가피했는데, 기본적으로 이는 해적들이 개별적으로 소장한 보물을 재배분하는 것이었다.

악마에게 제물을 바쳤다는 것은 일종의 충격 요법으로 지어낸 이야기처럼 보일 수도 있다. 저자가 (종종 그랬듯이) 가장 타락한 범죄자들조차 자신들보다 더 나은 행동을 할 수 있음을 시사함으로써 부르주아 독자들을 자극하기 위해서 말이다*. 하지만 이것은 어쩌면 정확한 서술일 수도 있다. 동일한 장에 나오는, 우리가 곧 보게 될, 말라가시의 의례에 대한 묘사들처럼 말이다.**

---

* 저자인 존슨(아마도 다니엘 디포)은 비록 악마에게 희생 제의를 바치는 것이긴 하지만, 타락한 범죄자들조차 자기들 나름의 신념과 공동체 규범을 지킨다는 점을 강조하면서, 그들을 비난하는 부르주아 계층이 오히려 해적들보다 더 위선적이고 자기 이익밖에 모른다는 것을 비판한 것으로 보인다.—옮긴이
** 나다니엘 노스는 나중에 자녀들을 기독교적으로 양육하고자 했던 사람으로 그려지고 있기는 하다(Johnson, *A General History*, 555).

계속해서 존슨은 암보나볼라가 어떻게 생트마리와 같은 주요 해적 기지로 성장했는지 설명한다. 또한 그는 노스와 동료들이 섬의 북쪽과 남쪽에 있는 군주들, 또 인근 말라가시 '부족들'과 동맹을 맺고, 다양한 현지 분쟁들에 휘말리며, 또 노스가 결혼해서 세 명의 말라가시 자녀들을 갖게 되는 과정을 설명한다. 노스는 1707년 해적질에 잠시 복귀했다가 완전히 은퇴한다. 그리고 결국에는―누구도 완전히 확신하지는 못하지만 아마도 1712년경―과거의 어떤 분쟁에 대한 복수로 말라가시 일당에 의해 침대에서 살해되었다.

이러한 세부 사항 대부분은 《해적들의 일반 역사》와 당시의 다른 대중 작가들의 글을 통해서만 알려져 있다. 이 텍스트에 언급된 말라가시인 당사자들이 실재했는지, 그리고 이런 사건들을 더 큰 말라가시 역사에 어떻게 통합할 것인지에 대한 역사가들의 연구는 놀랄 만큼 부족하다. 암보나볼라가 어디였는지조차 아주 확실치 않다. 다만 생트마리에서 남쪽으로 30마일 정도 떨어진 곳에 위치했고, 크고 오래 지속된 정착지였다고 전해지는 만큼, 후대의 페노아리보Fenoarivo나 풀포인테 중 하나가 아닐까 싶다. 몰레-쇼바제Molet-Sauvaget는[14] 후자였을 것이라고 확신하고 있다.*

하지만 주로 평화적인 중재자로 자리 잡고 자신들의 부와 사치품을 사회정의라는 감각과 결부시킨 해적의 새로운 역할이 어떻게 에이버리라는 인물을 중심으로 이미 떠돌고 있던 유토피아적 환상에 기여했을지는 쉽게 이해할 수 있다. 존슨의 서술에서 해적들은 이웃들에 의해 군주들처럼 대접받았다. 하지만 실제로 그들이 열심이었던 것은 배 위에서 처음 발전시킨 민주주의적 제도들을 육지에서도 실행 가능한 형태로 전환하는 것이었다. 그리고 곧 보게 되겠지만, 말라가시 이웃들이 해적들이 만들어낸 본보기에 실제로 영향을 받았다고 믿을 만한 이유도 충분하다.

---

* 몰레-쇼바제는 해적들이 그 지역을 '암보나볼라 포인트'라고 불렀는데, 그것이 '보나볼라 포인트'('부나불Boonavool'이라고 발음했다)가 되었고 이후 말장난으로 '풀[바보]의 포인트Fool's Point'가 되었다는 식으로 말하고 있다. 참고로 알리베르는 다른 주장을 편다. Allibert, *Histoire de la Grande Isle Madagascar*, 471n11.과 비교해보라. 나는 알리베르가 옳다고 해도, 그래서 암보나볼라가 폴포인테가 아니고 페네리베 인근이라고 해도, 큰 차이가 나는 것은 없다는 점을 주지해두고자 한다.

또 다른 사기꾼 왕,
존 플랜틴

마다가스카르에 해적들이 정착한 역사를 명확히 서술하는 것은 거의 불가능하다. 무엇보다 자료가 빈약하다. 당시 대중을 겨냥해서 쓰여진 이야기들, 그리고 이후 영국과 아메리카에서 해적행위로 체포된 이들에 대한 무미건조한 진술을 담은 법정 문서 몇 건이 고작이다. 같은 사건에 대한 여러 기록이 존재할 때 대개는 서로 모순된다. 대중적인 기록들은 노골적으로 선정적인 경우가 잦다. 그러나, 그렇다고 해서 그 기록들이 사실이 아니라는 말은 아니다. 분명히 꽤 많은 선정적인 일들이 실제로 일어났기 때문이다. 놀라운 것은 말라가시쪽에서 바라본 연구는 거의 수행되지 않았다는 점이다. 그러므로 우리가 가진 것은 모두 이례적인 사건들을 들여다보기 위한 일련의 작은 창문들뿐이다.

그래도 기본적인 사실들에는 의문의 여지가 없다. 해적들은 대략 1722년까지 마다가스카르를 경유하는 '해적 항로'를 계속 이용했고, 그때쯤 영국과 프랑스 정부가 해적행위를 심각하게 단속하기 시작했다. 일부 해적들은 그냥 빠져나갔으며, 총통이 노획물 일부를 받고서 해적들을 사면해주던 레위니옹에서 은퇴했다. 어떤 해적들은 사칼라바 왕들의 자문관이 되었고, 또 다른 해적들은 아브라함 사무엘Abraham Samuel의 조력자가 되기도 했다. 사무엘은 해적이었는데, 지역적 책략을 구사해서, 포르도팽의 방치된 프랑스인 정착지 인근 마티타나Matitana 왕국의 왕좌에 잠시 앉았던 인물이다. 하지만 정착한 해적 대부분은 북동쪽에 남는 것을 선호했고 노스처럼 자신들만의 정착지를 만들거나 말라가시 가족들과 함께 섬 내부로 이주했다.

해적 공동체들을 만든 이들 중 몇몇은 자신을 왕으로 선포했고, 자신의 아내가 지역의 공주라며 섬 전체의 주권을 요구하는 거창한 주장을 떠벌리는 경우도 있었다. 오늘날 가장 유명한 인물은 '랜터베이의 왕'인 존 플랜틴이다. 그가 유명해진 것은 동인도 회사의 대리인인 클레멘트 다우닝이《인도전쟁사A Compendious History of the Indian Wars》(1737)에서 그에 관한 이야기를 광범위하게 기록했기 때문이다. 이 책은 마다가스카르에 관한 이야기도 상당히 길게 다루고 있다. 다우닝은 1722년에 플랜틴을 만났다. 그는 당시 플랜틴을 허름한 옷

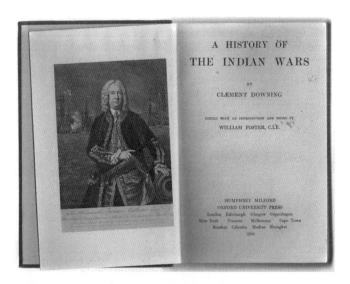

클레멘트 다우닝(왼쪽 사진)의 《인도전쟁사》 표제지.

을 입고 바지에 권총 두 자루를 꽂은 채 해변에서 인사를 건네 온 허세 가득한 모험가로 묘사하고 있다.

플랜틴, 제임스 아데어James Adair, 그리고 덴마크 사람 한스 버겐Hans Burgen은 랜터베이에 강력한 세력을 구축하고 넓은 영토를 차지했다. 이들 중에서 가장 많은 돈을 가진 플랜틴은 자신을 랜터베이의 왕이라고 칭했으며, 플랜틴을 칭송하는 노래를 부르는 선주민도 흔히 볼 수 있었다. 그는 많은 주민들을 자신에게 복속시키고 마음대로 통치하는 것처럼 보였다. 병사들에게 그들이 만족할 만큼 돈을 지불하기는 했지만 말이다. …

플랜틴의 집은 장소가 허락하는 한 최대한 널찍하게 지어졌다. 그는 더 큰 위세와 오락을 위해 많은 아내와 하인들을 두었고 이들을 철저히 통제했으며 그들을 영국식으로 몰, 케이트, 수 혹은 페그 등으로 불렀다. 이 여성들은 가장 비싼 비단옷을 입었고 일부는 다이아몬드 목걸이를 하고 있었다. 자주 그는 자기 영토에서 생트마리섬으로 건너왔고 에이버리 선장의 요새 여러 곳을 수리하기 시작했다.[15]

플랜틴이 마다가스카르에서 기반을 잡은 것은 헨리 에이버리의 전설이 정점에 달하고 가공의 해적 정부의 대리인들이 동맹을 구하며 유럽 왕실들을 돌아다니고 있던 바로 그 시기였다. 따라서 "에이버리의 요새"라는 언급이 나오는 것인데, 물론 이것은 실제로는 1697년의 반란으로 파괴된 생트마리 항구의 볼드리지의 옛 요새이다. 플랜틴은 이 전설을 이용하기 위해 최선을 다한 것으로 보인다.* 다우닝의 묘사는 겉보기에는 그럴싸하지만, 거의 모든 내용이 물정 모르는 외국인들을 홀리기 위해 지어낸 허풍의 냄새가 난다(다우닝의 기록에서 가장 화려한 세부 사항 중 하나는 말라가시 사람들이 합창으로 정복자들을 칭송하는 노래를 불렀다는 것이다. 다우닝은 이렇게 기록한다. "그리고 그 노래의 모든 구절은 끝에 랜터베이의 왕 플랜틴이라는 구절이 나오는데 그[플랜틴]는 그것에 매우 기뻐하는 것처럼 보였고 거대한 선주민 집단이 춤을 추는 것에도 만족해했다."**16** 물론 다우닝은 말라가시어를 할 수 없었기 때문에 노래 가사가 실제 무엇이었는지에 대해 우리가 알 방법은 없다).

다우닝은 플랜틴의 말라가시인 군대의 사령관과 만난 이야기도 쓰고 있는데, 그는 이 사람을 '몰라토 톰Molatto Tom' 혹은 그냥 '젊은 에이버리 선장'이라고 부르고 있다. 그가 자신을 전설적인 해적의 아들이라고 주장했기 때문이다.

이 몰라토 톰은 그들 사이에서 매우 두려운 존재여서, 그를 보는 것만으로도 사람들이 벌벌 떠는 것 같았다. 사람들은 자주 그를 왕으로 옹립하려 했지만, 그는 결코 그 칭호를 받아들이려 하지 않았다. 그는 키가 크고 균형 잡힌 체격에 호쾌한 얼굴을 하고 있었다. … 그의 머리카락은 말라바르나 벵골 인도인처럼 길고 검었다. 그래서 나는 그가 에이버

---

* 적어도 플랜틴은 실존했다(1720년에 그를 만난 리처드 무어Rechiard Moor의 증언을 보라. Fox, *Pirates in Their Own Words*, 212). 다우닝의 경우 일반적으로 자신이 직접 본 것에 대해서는 불완전할지언정 신뢰할 만하다(Risso, "Cross-Cultural Perceptions of Piracy"). 데샹(*Les pirates à Madagascar*, 175)은 플랜틴이 마을 사람들에게서 부여받은 음판자카mpanjaka라는 호칭을 오해했을 수 있다고 주장한다. 이 칭호는 행정 권력을 가진 거의 모든 사람을 지칭하는 말이었는데, 그가 자신을 왕이라고 상상했다는 것이다. 이보다 더 그럴듯한 해석은 그가 처음에는 해적을 뿌리 뽑기 위해 파견된 다우닝 해군 준장에게 깊은 인상을 주기 위해 허풍을 떨었는데, 다우닝이 그것을 믿는 것처럼 보이자 도대체 얼마나 터무니없는 거짓말까지 통용되는지 시험해보려 했다는 것이다.

리 선장의 아들일 수도 있다고 생각했다. 에이버리 선장이 대무굴 황제의 딸이 타고 있던 무어인의 배에서 잡은 인도 여인 중 한 명과 낳은 아들 말이다. 이는 상당히 개연성 있는 이야기다. 그는 어머니를 기억하지 못한다고… 나중에야 자신이 아기였을 때 어머니가 죽었다는 말을 들었다고 했기 때문이다.[17]

다시 말하지만 에이버리가 인도의 공주들과 마다가스카르로 돌아간 것은 실제로 없던 일이기 때문에 이는 순전한 공상이다. 하지만 다우닝을 맞이한 사람들이 순진한 영국인을 얼마나 농락할 수 있는지 경쟁하듯 시험하며, 꽤 재밌게 놀았던 것은 분명해 보인다. 다우닝은 그들이 말한 모든 것을 성실하게 기록했다. 플랜틴이 사칼라바의 왕 토아카포 Toakafo("해적들이 롱 딕 혹은 킹 딕이라고 불렀다")[18]의 손녀와의 결혼을 거절당한 후 전쟁에 휘말렸다는 것, 이것이 점점 더 믿기 어려운 일련의 전투로 이어졌다는 것, 플랜틴의 군대가 왼쪽에는 스코틀랜드 깃발을 달고 오른쪽에는 덴마크 깃발을 단 채로 섬 전체를 이리저리 행군했다는 것, 그리고 많은 살육과 천재적인 책략, 끔찍한 처형 끝에 마셀리지, 성 오거스틴, 포르도팽의 항구들과 그 사이에 있는 모든 거점을 어떻게 차지하게 되었는지를 기록했다. 그 결과 이제 플랜틴이 마다가스카르섬 전체를 지배하고 있다고 말이다.

사실, 이야기가 끝날 즈음 다우닝은 자신이 처음에 쓴 내용과 크게 모순되는 내용을 쓰고 있다. 플랜틴이 승리를 거둔 후 킹 딕의 손녀와 정착해서 함께 살았다고 했기 때문이다. 영국인 아버지의 이름을 따서 엘리너 브라운Eleanor Brown이라는 이름을 가진 그녀는 독실한 기독교인이었는데, 플랜틴은 그녀를 너무 사랑한 나머지 그녀가 다른 남자의 아이를 임신한 상태였는데도 결혼을 했다. 그는 아내와 하인들 위에 군림하지 않았다. 대신 그는

다른 여인들을 내쫓고 그녀에게 가사 관리에 대한 전권을 주었다. … 그는 자신이 가진 값비싼 보석들과 다이아몬드로 그녀를 치장케 했고 스무 명의 소녀에게 그녀를 시중들게 했다. 그녀가 바로 크리스토퍼 리슬씨가 친해지려 했던 사람일 것이다. 그것 때문에 플랜틴은 그 자리에서 그를 쏘아 죽였다.[19]

이 이야기는 몇 년 후 수집된 선원들 사이의 풍문을 덧붙이는 것으로 끝난다. 무슨 일이 있었던 것인지 알아내기 위해 행간을 깊이 읽을 필요도 없다. 자신을 '마다가스카르의 위대한 왕'이라 선포하고 수많은 포로들을 지나가는 영국 배들에 팔아넘긴 후, 플랜틴은 자신의 지위가 볼드리지가 그랬던 것만큼이나 버티기 힘든 상황이라는 것을 깨달았다. 아

마도 그의 '장군'인 톰이 곧 [볼드리지와] 같은 운명에 처할 것이라는 경고를 하지 않았을까 싶다. 그는 아내와 아이들을 데리고 랜터베이를 떠나 더 나은 삶을 찾아 인도로 향했다.

라치밀라호와
베치미사라카 연합

존 플랜틴에 대한 다우닝의 기록 중 가장 주목할 만한 점은 이 만남이 일어난 1722년이라는 연도이다. 그가 '물라토 톰'이라고 쓴 인물은 분명히 라치밀라호이다. 라치밀라호는 실제로 영국인 해적의 아들이었고 외국인들에게 '톰 치밀라호', 때로는 그냥 '톰'으로 알려져 있었다. 해적들의 말라가시 자녀들은 당시 '말라타Malata'라고 불렸는데 이는 영어 '물라토mulatto'에서 유래한 것이었다. 따라서 '물라토 톰'이 다른 인물이었을 가능성은 거의 없다. 하지만 바로 이 점이 그와 플랜틴이 다우닝에게 들려준 이야기를 더욱 엉뚱하게 만든다. 왜냐하면 1722년까지도 분명 해적이 아닌 라치밀라호가 북동부 해안의 왕이었기 때문이다.

현재 일반적으로 받아들여지는 역사 기록에 따르면,

1712년에서 1720년 사이에 북동부에서는 경쟁 관계인 두 개의 연합 세력 간에 일련의 긴 전쟁이 있었다. 한쪽은 라치밀라호가 지휘하는 베치미사라카였고, 다른 한쪽은 해안의 항구를 장악했던 라망가노Ramangano라는 군사지도자가 지휘하는 치코아Tsikoa 또는 베타니메나Beatanimena이다.* 전쟁은 베치미사라카의 완전한 승리로 끝났다. 하지만 이것이 사실이라면 라치밀라호가 다우닝을 만났을 때 그는 이미 2년간 북동부 해안의 확고한 통치자였다. 어떤 이유로든(그냥 재미삼아 그랬을 수도 있다) 그는 자메이카 모험가에게 그저 한 명의 장군인 척했던 것이다.

그렇다면 대체 어떤 종류의 왕이 일개 장군인 척하고 다니는 것일까?

라치밀라호의 삶에 대한 우리의 주된 참고 자료는 프랑스 저자인 니콜라 마이예가 1806년에 쓴 이야기이다. 그는 1762년에서 1767년까지 베치미사라카 왕국의 수도였던 타마타베에 살고 있을 때 왕의 옛 동료들과 나눈 인터뷰를 바탕으로 글을 썼다.[20] 이 이야기는 라치밀라호의 생애를 매우 낭만화하고 있지만, 아주 길고 상세하며, 당연하게도 그 시대 말라가시 역사의 교과서적인 판본의 기초가 되었다. 하지만 이 표준적인 기록과 다우닝의 것과 같은 동시대 다른 기록들

---

* 이 연대는 니콜라 마이예가 처음 제안했고("Histoire de Ratsimilaho"), 그랑디디에Grandidier가 확인했다(*Les habitants de Madagascar*, 184n2).

의 아귀를 맞추는 일은 굉장히 어렵다.

마이예가 연구를 수행하게 된 배경조차 이 지역의 특징이었던—그리고 한 세기 후에도 여전히 이 지역의 특징인—과장된 제국주의적 주장들이 뒤죽박죽되어 이미지를 뒤틀고 왜곡시키는 서커스 거울 같은 세계를 보여준다. 마이예는 프랑스의 노예상인이자 모험가였는데 마다가스카르에서 자랐으며 말라가시어를 유창하게 구사했다. 라치밀라호에 관한 연구를 수행했던 당시 그는 폴란드 귀족인 모리스-아우구스트 베뇨프스키Maurice-Auguste Count de Benyowsky 백작이 고용한 정보원이었다.

이 백작은 시베리아의 감옥에서 탈출하여 프랑스로 건너갔는데, 거기서 루이 15세의 신임을 얻어 마다가스카르 정복 프로젝트의 책임을 맡게 되었다. 베뇨프스키 백작은 란타베에서 멀지 않은 안톤길만의 한 마을(그가 '루이빌Louisville'로 개명한 마을)에 자리를 잡고, 정복 활동에 대한 지원 명목으로 프랑스에 보급품을 요구하기 시작했다. 그는 정기적으로 왕실에 편지를 보내 자신의 업적을 보고했는데, 예를 들어, 1774년 9월에 그는 단 160명의 현역 군인만을 데리고 400만 프랑의 조공을 바치는 32개 주로 이루어진 왕국을 확보했으며, 이는 거의 섬 전체를 포괄한다고 했다.[21] 두말할 필요도 없이 이 보고서들은 완전히 날조한 것이었다.

사실 우리가 가진 증거에 의하면 베뇨프스키는 폴란드

백작이 아니라 헝가리 사기꾼이었을 뿐이다. 그는 프랑스에서 온 물자를 인근 주민들에게 뿌리며 자기를 왕으로 모시는 연기를 하도록 매수했고, 이후 대부분의 시간을 세계를 돌아다니며 자신을 마다가스카르의 왕이라고 떠벌렸다(예컨대 1777년에 그는 파리에서 벤자민 프랭클린의 단골 체스

폴란드 귀족인 척 한 헝가리 사기꾼, 모리스-아우구스트 베뇨프스키.

파트너였으며, 1779년 미국에 있을 때는 혁명[미국독립]을 위해 자신의 왕국을 내놓겠다는 제안을 하기도 했다).

문제는 베뇨프스키가 마다가스카르에서 실제로 무슨 일이 일어나는지 거의 아무것도 몰랐기 때문에 자주 왕실의 의심을 받았다는 점이다. 최소한 한 차례의 조사위원단이 파견되었지만, 이 '백작'은 자신의 영향력을 이용해 조사 결과를 덮어 버린 것으로 보인다. 그는 자신의 보고서를 더 그럴 듯한 것으로 만들기 위해 당시 노예상인으로 일하던 마이예에게 돈을 주고 섬 전체의 정치적 상황에 대한 상세한 보고서를 작성하게 했다.[22] 마이예는 그렇게 했고, 그가 작성한

수많은 기록이 지금까지 남아 당시 상황에 대한 귀중한 역사적 통찰을 제공하고 있다. 따라서 우리가 가진 마다가스카르에 대한 최초의 진정한 민족지학적 기록은, 사실 한 사기꾼이 존재하지도 않는 자신의 공적을 더 잘 꾸며내기 위해 고용한 정보원이 조사한 기록들이다.

비록 고용된 사람이었지만, 마이예는 베치미사라카 연합의 기원과 라치밀라호라는 역사적 인물의 이야기에 매료되었고, 왕과 가까웠던 동료들을 포함해 1712~20년 전쟁을 목격한 생존자 등 자신이 찾을 수 있는 모든 사람을 인터뷰했던 것으로 보인다. 이후 마이예가 레위니옹섬에서 은퇴 생활을 하던 1806년경, 프로베르빌Froverville이라는 책벌레 같은 인물이 마이예를 설득하여 그 인터뷰 결과물을 수고본 형태로 작성하게 했다. 그렇게 해서 마이예가 써낸 것이《폴포인테와 베치미사라카의 라치밀라호 왕의 이야기Histoire de Ratsimila-hoe Roi de Foule-pointe et des Bétsi-miçaracs》이다. 매우 큰 종이 120페이지에 걸쳐 라치밀라호의 생애를 수기로 기록한 책이다(이 책에는 프로베르빌 자신의 학문적 주석이 가득하다).

이 원고는 지금도 여전히 출간되지 않은 채로 남아 있다. 그래서 지난 세기 대부분 학자들은 이 원고의 요약본에 의존해왔다.[23] 하지만 사건들에 대한 마이예의 판본은 정전正典으로 간주된다. 마이예에 따르면, 라치밀라호의 아버지인 톰은 처음에 교육을 위해 아들을 영국으로 보내려고 했다. 하지만 소년은 곧 향수병에 걸려 돌아가겠다고 했다. 아버지는 그에게 한 무더기의 머스킷총과 탄약을 건네주고는 자신의 운명을 스스로 찾도록 했다. 당시 풀포인테 주변 땅은 남부에 기반을 둔 치코아 연합의 우두머리인 라망가노라는 폭군의 지배 아래 있었다. 라치밀라호는 반란을 일으켰다. 수고본 24개의 장 대부분은 그렇게 시작되어 8년간 계속되었으며 수천 명의 사상자를 낸 이 전쟁의 세부적인 이야기들을 다루고 있다.

거의 찬양 일색인 마이예의 설명에 따르면, 이 분쟁 과정에서 라치밀라호는 주로 개인적 탁월함과 카리스마 덕분에 '분열되지 않은 다수the many unsundered'라는 의미의 베치미사라카라는 새로운 정치체를 창설하는 데 성공했다. 그리고 그의 베치미사라카는 1720년의 최종 승리 후 북동부 전체를 하나의 정부 아래 통합시켰다. 이 전쟁 과정에서 라치밀라호는 처음에는 임시 최고지도자로 선출되었다가, 나중에는 라마로마놈포Ramaromanompo('많은 이들이 섬기는 자')라는 칭호로 영구적인 왕이 되었다. 라치밀라호는 결국 북동부 전체를 단일한 계몽 군주 아래 통합했고, (마타비Matavy 즉 '뚱보'라고 불렸던) 사칼라바 왕의 딸과 결혼했으며 (자나하리Zanahary 즉 '신'으로 불리는) 후계자를 낳았다. 그리고 오랫동안 성공적인 통치 후, 1750년 56세의 나이로 숨을 거두었다.

과장된 이미지들로 가득한 이 서커스 거울의 방에서 라

치밀라호는 정말로 왕이었던 유일한 인물로 보인다. 게다가 그의 통치 기간 동안 왕의 동료인 자나-말라타들은 점차 자기 정체성을 가진, 내혼하는 귀족 계급으로 자리를 잡는 데 성공했고, 적어도 다음 세기까지 이를 유지했다. 그러나 18세기 후반 들어 그들은 모리셔스와 레위니옹의 플랜테이션 섬들을 근거지로 한 프랑스 노예상인들의 조작에 넘어가 서로 다투기 시작한다. 라치밀라호의 후계자들(자나하리, 1750~67; 이아비Iavy, 1767~91; 자카볼라Zakavola, 1791~1803)이 상황을 통제할 수 없게 되면서 왕국은 결국 쪼개지고 만다.

역사가들의 일반적 합의는 라치밀라호의 프로젝트가 결국 실패했다는 것이다. 일부 역사가들은[24] 이것이 라치밀라호가 사칼라바처럼 완전한 말라가시 왕조가 되기 위해 필요한 적절한 의례적 기반을 만들지 않았기 때문이라고 말한다. 또 다른 역사가들은[25] 해적 시대에 막 시작된 모리셔스와 레위니옹의 플랜테이션 경제에서 노예들에 대한 수요가 커졌고 이로 인한 압박이 압도적이었기 때문이라고 말한다. 얼마 지나지 않아, 부패한 지도자들은 프랑스 노예상인들에게 진 빚을 갚기 위한 포로들이 필요했기에, 일부러 전쟁 구실을 만들었고 심지어 자신의 마을까지 공격하기 시작했다. 결국 왕국은 사분오열된 군벌 집단들로 쪼개졌고, 1817년 라다마 1세의 군대에 간단히 흡수되었다. 타마타베는 메리나 왕국 제2의 도시가 되었고 오늘날까지 수도로 이어지는 관문으로 남아 있다. 베치미사라카의 나머지 지역은 곧 식민지 시대와 같은 모습을 띠게 된다. 세계시장을 위해 정향, 바닐라, 커피 등을 생산하는 외국인 소유의 플랜테이션들이 지배하는 땅과 어떤 형태의 중앙집권적 권위에도 저항하는 것으로 악명 높은 주민들이 사는 변두리 지역이 번갈아 존재하는 것이다.

이 모든 게 말라가시 역사책의 표준적인 내용이다. 이러한 역사서 대부분에서는 해적들이 한 장을 차지하고, 그들의 자녀들이 다른 한 장을 차지한다. 라치밀라호와 라망가노의 전쟁이 시작될 무렵은 [역사의] 횃불이 새로운 세대로 넘어간 것으로 여겨진다. 하지만 사건들의 간단한 연표만 만들어 봐도(이 책 253쪽 부록을 보라) 이러한 통념이 틀렸다는 것을 명확히 알 수 있다.

첫째, 마이예가 주장했고 이후 역사가들이 받아들인 것처럼 베치미사라카 연합 창설을 위한 전쟁이 정말로 1712년에서 1720년까지 이어졌다면, 생트마리와 암보나볼라의 해적 정착지들은 당시에도 활발했을 것이다. 둘째, 1712년 연합의 창설에서 해적의 자녀들이 큰 역할을 했다고 보기는 상당히 어렵다. 라치밀라호는 당시 자신의 나이가 열여덟 살이라고 했지만, 그는 분명 예외적인 인물이며 다른 말라타들 중 스물한 살을 넘긴 사람은 아무도 없었다. 대부분은 분명 정착지에서 부모와 함께 살고 있는 아이들이었을 것이다. 실제로 마이예의 기록을 봐도, 사건의 전개 과정에 말라타들은 거의 아무런 역할도 하지 않는다.

그렇다면 우리가 다루고 있는 것은 현역 해적들, 그리고 그들과 긴밀하게 접촉하며 살았던 말라가시의 정치적 행위자들이 만들어낸 정치 제도들이라고 보아야 한다. 마이예의 기록에서는 '백인들'이 결코 개인으로 등장하지 않으며 기껏해야 변두리에 유령처럼 존재할 뿐이다. 하지만 실제로 그들은 거의 확실히, 적어도 간접적으로라도 이 사건들에 관여했을 것이다.

마지막으로, 당시 외국인 관찰자들은 라치밀라호를 이상하게 혼란스러운 여러 역할로 묘사한다. 그는 1712년에 해방전쟁을 시작했다고 한다. 하지만 전쟁이 한창이던 1715년에, 네덜란드 상인들은 동일한 이름('톰 치말라호')을 가진 사람을 보이나의 사칼라바 왕 토아카포(플랜틴 이야기에서는 '롱 딕')의 수석 대신이라고 보고한다. 1년 후 그는 안톤길의 지역 우두머리가 되어, 레위니옹에서 온 난파된 유럽인들을 돕고 있다. 하지만 1722년에 이르면 드 라 갈래시에르de la Galaisière가 라치밀라호가 북동부 전체의 왕이 되었다고 주장하는가 하면, 그가 란타베에서 해적왕을 자임하는 자의 일개 장군인 척했다는 클레멘트 다우닝의 기록도 있다. 11년 후 일부 프랑스인 관찰자들은 그가 지역의 여러 수장 중 하나에 불과했다는 인상을 받는다. 반면 다른 이들은 그가 동부 해안 전체의 실질적 왕이라고 성실하게 보고한다.

일부 관찰자들의 경우에는 단순한 혼동이 있었음이 틀림없다. 하지만 적어도 몇몇 경우에는 그들의 말라가시와 유럽인 정보제공자informants들이* 그들을 혼란 속에 두기 위해 최선을 다했다는 것이 분명하다. 이를테면 1733년 안톤 길만으로 파견된 프랑스 동인도 회사의 엔지니어 샤르팡티에 드 코씨니Charpentier de Cossigny는 거기서 '볼드리지 왕'이라는 사람을 만났다. 아마도 생트마리의 유명한 해적왕의 아들이었을 것이다. 볼드리지는 그 지역에 '타메 치말라우Thame Tsimalau'와 잘 알려지지 않은 '드 라 레이De La Ray'라는 두 명의 왕이 있다고 주장했다. 코씨니는 친근한 분위기의 볼드리지와는 달리 라치밀라호는 까다롭고 무례한 인물이라고 생각했다.

이것을 어떻게 받아들여야 할까? 라치밀라호는 정말로 이 특정 영토의 일부만을 통치했을까? 아니면 볼드리지가 그저 허세를 부린 것이고 이에 대해 라치밀라호가 짜증을 냈던 것일까? (그리고 이 '볼드리지'는 **정말로** 애덤 볼드리지의 후손일까? 아니면 이것 역시 그의 거짓말일까?)

확실히 말할 수 있는 것은 없지만, 적어도 우리가 당시 유라시아 대부분에서 익숙한 주권 개념과는 근본적으로 다른

---

* 정보제공자란 민족지 연구자가 관찰하는 지역의 구성원이나 지역 정보를 잘 아는 사람으로, 해당 연구자가 알지 못하는 현지 정보나 맥락 정보를 제공하는 사람을 말한다.―옮긴이

주권 개념을 다루고 있다는 것은 분명하다. 헨리 8세나 슐레이만 대제 치하에서 한 지방의 통치자가 이런 허세를 부렸다면 곧장 머리가 잘려서 접시 위로 올라갔을 것이다. 사실, 모든 것이 그렇게나 협상 가능해 보인 한 가지 이유는 이런 왕국들에 사회적 기반이 거의 없었기 때문이라고 나는 생각한다. 말하자면 이들은 기껏해야 몇백 명의 전사들, 혹은 비상시라면 아마도 몇천 명 정도의 전사들을 모을 수 있었을 뿐이다.

숲을 벌채하고 농지를 소떼의 방목을 위한 목초지로 바꾸며 지역 풍경을 새롭게 만들고 신민들 사이의 사회적 관계를 완전히 재구성했던 서부 사칼라바의 왕들과 달리, 이 시기 대부분의 말라가시 '왕들'은 일종의 약탈적 거품 속에 있었던 것으로 보인다. 화려한 사치품이 가득했지만, 그들에게 자신들이 신민으로 여기는 사람들의 일상생활에 체계적으로 개입할 수 있는 실질적 능력은 전혀 없었다.

물론 오랫동안 세상에는 거창하게 떠벌리기 좋아하는 하찮은 도적 왕들이 넘쳐났다. 하지만 17세기와 18세기 마다가스카르 북동부의 독특한 상황은 이런 게임을 유난히 쉽게 만들었다. 엄청난 양의 해적 노획물 덕분에 이러한 사람들은, 정착지 바깥에서 많은 인력을 동원할 수단이 전혀 없는 상황에서도 왕궁을 꾸며낼 온갖 속임수—황금과 보석, 후궁들, 일과처럼 진행되는 군무—를 연출할 수 있었다. 예컨대 메리나나 사칼라바의 왕들이라면 왕국 내 여러 가문들의 대표를 소집하여 자신의 집이나 무덤을 건설하거나 왕실 의례에도 참석하도록 할 수 있었을 것이다. 하지만 볼드리지나 노스, 플랜틴, 베뇨프스키는 말할 것도 없고 라치밀라호조차 이런 종류의 일을 할 수 있었다고 믿을 근거가 전혀 없다. 심지어 이들 중 누군가가 그런 것을 열망했다고 믿을 이유조차 없다. 라치밀라호가 권력의 절정기에 있었을 때조차 그가 우리가 국가라고 여기는 것과 조금이라도 비슷한 것을 다스렸다는 증거는 결코 없다.

하지만 라치밀라호의 경우와 다른 모든 경우들 사이에는 한 가지 중요한 차이가 있다. 베치미사라카 연합의 부상은 더 큰 범위에서 사회에 심대한 영향을 미쳤다. 그리고 그것은 사람들이 한 왕국의 창설이 불러올 영향을 일반적으로 상상하는 것과는 거의 정반대 방식이었다. 17세기 후반에 마다가스카르에 도착한 해적들이 마주친 것은 내전이 끊이지 않으며, 사제 카스트 같은 집단, 그리고 이미 스스로를 위계적 서열 체계로 분류하기 시작한 신흥 전사 엘리트가 지배하는 사회였다. 이 사회는 코뮌적 요소들을 가지고 있기는 했지만, 정말이지 어떤 의미에서도 평등주의적이라고 할 수는 없었다. 그에 반해 라치밀라호 치하의 사회는 많은 면에서 이전보다 훨씬 평등주의적이었던 것으로 보인다.

해적들의 도착은 연쇄 반응을 불러일으켰다. 먼저 말라

가시 여성들의 상업적 자기주장이 등장했고, 다음으로 이에 대한 젊은 남성들의 정치적 반응이 일어났다. 라치밀라호는 이런 연쇄 반응의 상징적 지도자가 되었고, 이는 결국 오늘날 존재하는 것과 같은 베치미사라카 사회를 만들어냈다. 자, 그렇다면 이제 이러한 사건들이 말라가시의 관점에서는 어떻게 보였을지 살펴보자.

2장

여성, 해적의 동맹자가 되다

말라가시 관점에서 본
해적의 출현

아브라함 자손들에
대항한 성적 혁명

인도 제도諸島의 한 섬에 사는 주술사 여인이 야만적이지만
고귀한 성품을 가진 해적의 목숨을 구한다.
—죽은 남편의 미완성 글쓰기 작업에 대한 메리 셸리의 노트에서

해적들이 마다가스카르를 기지 삼아 홍해를 습격하고
인도양을 가로질러 말라카까지 나아갔다면, 사람들은 수 세
기 전부터 해적과는 반대 방향으로 이동해 왔다. 특히 마다
가스카르 동부 해안의 중세 역사는 대부분 자신이 이슬람교
도라고 주장하는 새로운 이주민들의 주기적인 유입을 특징
으로 한다. 이들은 종교적, 상업적, 정치적 귀족 계층이 되었
으며, 종종 이 셋 모두에 해당하는 지위를 차지했다. 예를 들
어, 동남부에서는 자바나 수마트라에서 연원한 것으로 보이

는 자피라미니아Zafiraminia가 아랍 태음력에 뿌리를 둔 점성술에 관한 전문성을 바탕으로 권력을 잡았다. 그들은 소 도축에 대한 독점권도 확립했다.* 이러한 사실들은 그들로 하여금 모든 주요 의례를 감독하고, 16세기부터 마다가스카르에 들르기 시작한 상선들에 공급하는 소의 거래를 지배할 수 있게 해주었다.

자피라미니아. 마다가스카르에 정착한 이슬람교도들이다.

폴 오티노Paul Ottino는[1] 라미니아Raminia가 원래 신비주의적 성향의 시아파 난민이었다는 주장을 설득력 있게 펼쳐왔다. 라미니아는 그들 첫 조상의 이름인데, 신이 바다거품에서 그를 창조했고, 이후 예언자의 누이인 파티마Fatima와 결혼했다고 한다. 초기 포르투갈 관찰자들이 볼 때, 이들의 웅장한 우주론적 주장은 너무 특이해서 이들을 무슬림이라 부르기를 주저할 정도였다. 또 포르투갈 관찰자들은 1509년부터 1513년 사이 이 지역에 새로 도착한 동아프리카 수니파 무슬림을 목격했는데, 수니

---

* 자피라미니아는 마다가스카르섬에 정착한 이슬람교도 집단으로, 더 잘 알려진 안테모로보다 일찍 마다가스카르에 정착한 것으로 알려져 있다.—옮긴이

파는 경쟁 관계에 있는 안테모로Antemoro 왕국을 설립하고 라미니아를 이단으로 몰아 절멸시키려 했다. 시간이 지나면서 안테모로는 마다가스카르의 대표적인 지식인과 점성술사가 되었고, **소라베**sorabe*라 불리는 아랍 문자로 된 책에 그들의 지식을 보존했다. 한편 라미니아는 흩어져서 결국 남부 여러 왕조의 조상이 되었는데, 그중에서도 가장 중요한 것은 보이나와 메나베의 사칼라바 왕국을 건설한 자핌볼라메나 Zafimbolamena 혈통이다.[2]

이러한 이주에 대해 끝없는 토론과 논쟁이 이어져 왔다. 덜 주목받은 사실은 다양한 이주민들의 가부장적 감성이, 그들의 말라가시 신민 및 이웃의 비교적 자유로운 성적 관습과 자주 충돌했다는 사실이다. 예를 들어, 안테모로의 역사 기록들은 선주민들이 모계를 통해 혈통을 추적하는 사실에 대한 불만을 드러낸다.** 자피라미니아를 말살하기 위한 안테모로의 전략에는 성인 남성들을 죽이고, 여성 포로를 격리함으로써 경건한 아이들을 출산시키는 것도 포함되어 있었다.[3] 안테모로는 심지어 19세기에도 혼전 순결을 고집스럽게 유지한 것으로 유명하다. 남녀 청소년의 성적 자유를 당연시

---

* '소라베'는 아랍어에 기반을 둔 문자체계로, 15세기 이후부터 말라가시어[음성]를 표기하고 기록하는 데 사용되었다. 말라가시인들과 접촉한 무슬림들이 만들어낸 것으로 추정된다.—옮긴이
** 그들이 말하는 것은 모계가 아닌, 공계(부계와 모계를 아우르는 혈통)일 것이다.

115

하는 인구집단에 둘러싸여 있었으면서도 말이다. 임신한 미혼 소녀의 경우 뱃속 아이의 아버지가 올바른 혈통의 무슬림이라는 것을 증명하지 못하면 돌로 치거나 물에 빠뜨려 죽였다.[4] 반면, 소년들은 마음대로 행동할 수 있었다. 현지 전통에 따르면, 바로 이러한 성적 제약이야말로 주민들을 가장 분노하게 했으며, 19세기에 왕국을 종식시킨 봉기의 직접적인 원인이었다고 한다.

폴 오티노는[5] 말라가시 신화의 기원을 아랍, 페르시아, 인도, 아프리카 철학의 다양한 갈래로부터 추적하는 것을 통해 일종의 경력을 쌓아왔다. 이러한 주장을 정확히 어떻게 받아들여야 할지 판단하기 어려운 경우가 많지만, 한 가지는 분명하다. 인도양의 다른 지역에서 온 여러 방문객들과 새로운 이민자들의 주기적인 유입으로 인해, 이 섬은 결코 세계의 나머지 지역으로부터, 그리고 지적인 흐름으로부터 고립되지 않았다는 것이다. 동시에, 이 다양한 외부 침입자들은 극소수의 예외를 제외하면 결국 더 큰 말라가시 문화에 흡수되었다. 새로운 이주민들은 몇 세대 안에 그들의 원래 언어와 독특한 문화적 특징 대부분을 잊어버렸다(17세기에는 안테모로조차 더 이상 코란에 익숙하지 않았다). 그 대신 그들은 웅변술에서부터 벼농사, 정교한 할례와 장례 의식에 이르기까지 꽤 표준적인 범 말라가시 관습의 여러 변형들을 받아들였다.

이주민 대부분이 남성이었기 때문에, 말라가시 여성들이 이 모든 과정에서 중심적인 역할을 했을 것임은 분명하다. 여러 이주민 엘리트들이 여성들을 격리하고 통제하고자 했던 시도들, 특히 그들의 성을 통제하고자 한 것은 가능한 오래 자신들만의 문화적 특수성과, 그에 기반한 엘리트로서의 지위를 유지하고자 노력했던 것으로 볼 수 있다(결국 모든 시도는 실패했다. 지금은 어떤 집단도 독립적인 것으로 남아 있지 않다).

비슷한 일들이 북동부에서도 일어나고 있었을까? 그랬다. 다만 한 가지 독특한 반전이 있었다. 훗날 베치미사라카

에티엔 드 플라쿠르와 그의 책 《마다가스카르 큰 섬의 역사》

의 영토가 된 지역의 이방인 귀족들은 자신들이 무슬림이 아닌 유대인이라고 주장했다.

포르도팽의 불운했던 프랑스 식민지 총독 에티엔 드 플라쿠르Étienne de Flacourt는 1661년 자신의 저서 《마다가스카르 큰 섬의 역사Histoire de la Grande Isle de Madagascar》에서 그들에 대해 이렇게 말한다.

내 생각에 가장 먼저 온 사람들은 생트마리섬과 인근 지역에 살고 있는 자피 이브라힘, 즉 아브라함의 혈통이다. 그들은 할례의 관습을 지키면서 이슬람교의 흔적이 없고, 무함마드나 칼리프를 모르며 그들의 추종자들을 카피르[이교도]와 무법자로 여긴다. 그들은 이슬람교도와 함께 식사하지도, 어떤 동맹을 맺지도 않는다. 그들은 무어인들과 달리 금요일이 아닌 토요일을 축일로 기리고 일을 삼가며 무어인들과 비슷한 이름을 쓰지 않는다. 이런 사실들에 비추어 나는 그들의 조상이 유대인들의 이주 초창기에 이 섬에 왔거나, 바빌론 포로 이전의 가장 오래된 이스마엘 가문들의 후손이거나, 이스라엘 자손들의 출애굽 이후 이집트에 남은 사람들의 후손이라고 믿는다. 그들은 모세, 이삭, 야곱, 노아의 이름을 간직하고 있다. 그들 중 일부는 아마도 에티오피아 해안에서 왔을 것이다.[6]

다른 곳에서 그는 자피 이브라힘이 안톤길에서 타마타베에 이르는 해안을 지배했으며, 자피라미니아와 비슷하게 동물 제의에 대한 독점권을 유지했다고 덧붙였다. 생트마리섬의 12개 마을에는 5~6백 명이 살고 있었는데, 이들은 모두 '라시미논Rasiminon의 아들인 레이냐스Raignasse 혹은 라니아사Raniassa'[7]라고 불리는 우두머리의 통치 아래 있었다. 그는 어획물과 수확물의 10분의 1을 거두어들였다.

많은 학자들이 자피 이브라힘(자피-히브라힘Zafi-Hibrahim, 자피-보라하Zafi-Boraha 또는 자피-보라히Zafi-Borahy라고도 불리었는데, 이 섬[생트마리]은 오늘날 말라가시어로 노시 보라하로 알려져 있다)의 기원과 정체성에 대해 추측해 왔다. 그랑디디에Grandidier는[8] 그들이 실제로는 예멘 유대인이라고 생각했다. 페랑Ferrand은[9] 카와리지파Kharijites*일 것이라는 의견을 제시했다. 오티노는[10] 카르마트파,** 어쩌면 콥트교도나 네스토리우스파 기독교도일 수도 있다고 했다. 최근에 알리베르Allibert는[11] 그들이 에티오피아에 머물렀다가 남쪽으로 이동한 이슬람 이전 아랍인들의 후손일 수 있다고 추정했다. 어떤 것도 가능하다. 하지만, 자피 이브라힘을 유대인으로 보는

---

* 카와리지파는 제1차 피트나[무슬림 내전] 기간에 등장한 이슬람 종파이다.—옮긴이
** 카르마트파는 동아라비아의 호전적인 시아파 운동이다. 시아파는 무함마드의 혈통만이 이슬람의 지도자가 될 수 있다고 본 점에서, 이슬람 공동체가 지도자를 선출할 수 있다고 본 수니파와 다른 견해를 갖는다.—옮긴이

것에 반대하는 사람들 대부분은 이 주장을 입증할 자료가 [앞서 언급한 프랑스 식민지 총독] 플라쿠르의 기록뿐이며, 총독이 혼동했을 것이라고 추정한다. 그러나 이는 사실이 아닐 것이다. 19세기 후반까지도 한 영국 선교사는 남쪽에서 "우리는 완전히 유대인이다"라고 주장하는 자피 이브라힘의 대표자들을 만났다고 보고한다.[12] 이 문제에 대해서는 그의 정보제공자들의 의견을 따르지 않을 이유가 없다.

식민지 시대까지 자피 이브라힘은 (말라가시어로 여전히 노시 보라하 또는 아브라함의 섬으로 알려져 있는) 생트마리섬에만 있었고, 점차 자신들을 주로 아랍인으로 여기게 되었다.* 본토에 있던 이들은 이미 오래전에 더 큰 집단인 베치미사라카에 흡수되었다. 하지만 플라쿠르 시대에는 그들이 남부의 자피라미니아와 비슷한 역할을 했던 것 같다. 본토의 흩어진 마을들에 살면서 가축 도살에 대한 독점권을 가졌고 (이를 위해 **미보리카**mivorika**라는 특별한 기도를 했지만, 그들의 최고신에게 어떤 다른 예배도 드리지 않았다고 플라쿠르는

---

* 이에 관해 페랑은 설득력 있는 사례를 제시한다(1905, 411-15). 이 주장은 생트마리 출신인 나의 정보제공자들에 의해서도 확인되었는데, 그들은 스스로를 '아랍인'이라고 주장했다.

** 현대 말라가시어에서 미보리카는 '마법을 걸다' 또는 '홀리다'를 의미한다는 점에서 흥미로운 용어이다. 하지만 고대 문헌에서 이 단어는 확실히 '기도'를 의미했다고 한다(Allibert, *Histoire de la Grande Isle Madagascar*, 470-71). 만약 이 단어가 특별히 자피 이브라힘의 의식을 지칭했다면, 그 집단이 인심을 잃었을 때 의미가 변화했을 가능성이 상당하다.

말한다), 그들은 또한 상인으로 해야 할 역할도 했다. 그들이 외국 상인들의 빈번한 기항지였던 생트마리섬에 자리잡았다는 사실만 보더라도 잘 알 수 있다.

자피 이브라힘이 이후 자신들을 흡수한 베치미사라카에 영향을 남겼다고 볼 수도 있다. 베치미사라카인들은 마다가스카르 사람들 중 가장 평등주의적이고 중앙집권적 권위에 저항하는 기질을 가진 것으로 알려져 있을 뿐 아니라, 철학적이고 우주론적인 사변적 성향으로도 유명하다.[13] 이러한 사변은 마다가스카르의 다른 지역에서 발견되는 것과는 상당히 다른 어조의 단호한 이원론적 성격을 띠고 있다. 베치미사라카의 신화는 우주의 창조, 특히 인류의 창조가 위쪽의 신과 아래쪽의 신이라는 두 대립하는 힘에 의한 것임을 지속적으로 강조한다. 이들의 우주 생성 이야기에 따르면, 지상의 신이 나무나 점토로 인간과 동물의 형상을 만들었지만 생명을 불어넣지는 못했다고 설명한다. 하늘의 신은 그것들에게 생명을 불어넣지만, 어떤 지키지 않은 약속이나 갚지 않은 채무를 이유로 결국에는 그것을 다시 앗아간다. 그래서 사람들은 종종 "신이 우리를 죽인다"고, 우리의 육신은 다시 흙으로 돌아간다고 표현한다.*

바로 이러한 이원론이 초기 유럽 관찰자들로 하여금 북동부의 말라가시 사람들을 마니교에 비유하도록 한 것 같다.[14] 초기 여행자들의 기록에 따르면, 이러한 태도가 한때는 훨씬 더 일반적이었을 수도 있다. 말라가시 정보제공자들은 궁극적으로 그들에게 삶을 주었다가 빼앗아가는 먼 곳에 있는 최고신의 존재를 인정하지만 그 신에게는 어떤 예배도 드리지 않으며, 그 대신 더 즉각적인 불행을 책임지는 지상의 힘들에게 기도와 제물을 바친다고 설명했다. 유럽 관찰자들은 이러한 힘들을 언제나 변함없이 '악마'라고 지칭했다. 이러한 기록들은 폴 오티노로[15] 하여금 자피 이브라힘이 카르마트파나 다른 이스마일파 계통의 철저한 영지주의자들 Gnostics일 수도 있다고 주장하게 했다.** 가능성은 작아 보이지만, 어떤 영지주의적 영향을 받았을 가능성 또한 전혀 없지는 않다.

한 가지는 분명하다. 전성기의 자피 이브라힘이—북동부 해안에 있던 무슬림 공동체처럼—아내와 딸들에 대한 질투 어린 소유욕으로 악명 높았다는 사실이다. 1669년에 이 지역에 대한 기록물을 출판한 샤를 델롱Charles Dellon은, 안톤

---

* 이러한 주제들이 마다가스카르의 다른 지역에 전혀 없는 것은 아니지만, 해링의 포괄적인 말라가시 민담 색인(*Malagasy tale index*)을 살펴보면 즉시 분명한 패턴이 드러난다. 가장 극적인 것은 신에 의해 창조되지 않았다고 주장하는 젊은 이에 관한 말라가시 신화의 정수인 자토보Zatovo 신화군群(Lombard, "Zatovo qui n'a pas été créé par Dieu"; cf. Graeber, "Culture as Creative Refusal")이 베치미사라카족에게는 전적으로 부재하다는 점이다. 다른 모든 곳에서는 이 설화가 어떤 형태로든 존재하는데 말이다. 이러한 이야기들에서 인간 삶의 특징들은 본질적으로 주피터와 같은 최고신으로부터 훔쳐 온 것으로 표현된다. 대신 베치미사라카의 이야기들은 이러한 상황을 프로메테우스적 반란의 결과가 아닌, 두 우주적 힘 사이 균형의 결과로 표현한다.

길과 페네리베('갈람불Galamboule')의 중동 이민자들은 이 점에서 매우 예외적이었다고 주장한다.

마다가스카르의 일부 사람들 사이에서 결혼에는 규칙이 없다. 그들은 상호 약속을 요구하지 않은 채 결혼하고 원할 때 헤어진다. 이는 갈람불이나 안톤길 지역과 완전히 다르다. 그곳의 사람들은 아내를 지키고, 아내들은 결코 공유되지 않으며, 부정을 저지르다 발각된 자들에게는 사형이 선고된다.[16]

다른 지면에서 델롱은 이 사람들을 타락한 무슬림으로

** 여기서 오티노는 자신의 사례를 과대 해석한 것으로 보인다. 로송의 구절은 실제로는 이슬람교 이민자들을 언급한 것으로, 로송은 이들이 종교의 교리 대부분을 잃을 정도로 말라가시 인구에 동화되었다고 말한다. 또한 말라가시인들이 자비로운 유일신을 인정하지만 숭배하지는 않고 오히려 '악마'를 숭배한다는 진술이 이 섬에 대한 수많은 기록에서 발견되며, 이는 이주민 집단에만 국한되지 않는다. 예를 들어, 마이예는 1716년경의 베치미사라카 희생제의를 이렇게 묘사한다. "시신이 땅에 안치되었을 때, 그는 소 다섯 마리를 제물로 바쳤는데, 일부분은 사자死者에게, 일부분은 악마에게, 다른 일부분은 신에게 바쳐졌다. 남은 고기는 참석자들에게 나누어졌으며, 그들은 그것을 함께 먹었다."("Histoire de Ratsimilaho," 210). 마찬가지로, 오티노("Le Moyen-Age")는 플라쿠르의 자피 이브라힘 묘사, 즉 그들은 부자도 가난한 자도 없으며, 노예들을 자녀처럼 대하고 자신들의 딸들과 결혼시켰다는 점에서(Histoire de la Grande Isle, 23) 카르마티안 '공산주의'의 흔적을 찾을 수 있다고 주장하는데, 이는 플라쿠르의 묘사가 드러내는 혼동에 기인하는 것으로 보인다. 즉 동해안의 의례 전문가로서의 자피 이브라힘에 대한 묘사가 동해안 주민들의 일반적인 생활방식에 대한 묘사로 미끄러져 버린 것이다.

묘사하며, 이들의 신앙은 이제 돼지고기를 먹지 않는 것, 그리고 이웃들과 달리 '[성적으로] 자유분방한 자들'을 죽음으로 몰아넣을 만큼 '격노'하는 질투에만 남았다고 설명한다.[17] 또 다른 기록은 생트마리섬의 마을 남자들이 현지 여성들에게 시시덕거리는 네덜란드 선원들을 무리 지어 공격했다고 전한다.[18] 플라쿠르는 자피 이브라힘의 아내와 딸들이 다른 말라가시인들과는 매우 다르게 "프랑스에 있는 우리 딸들만큼이나 접근하기 어려웠다. 그들의 부모가 매우 조심스럽게 지켰기 때문"이라고 확인해준다.[19]

안테모로의 경우처럼, 이 모든 것은 의심할 여지 없이 사회적 재생산 전략의 일부였다. 일반 말라가시인이 볼 때는 외국인이지만 외국인의 관점에서는 말라가시인으로 보이기 위한 것, 즉 집단의 위치를 내부의 외부자로 유지하기 위한 방법이었다. 이러한 전략은 집단 내 여성들을 향한 상당한 폭력과 위협을 통해서만 유지될 수 있었다. 자피 이브라힘이 최초에 어떻게 노시 보라하(생트마리섬)에 도착했는지에 대한 신화를 통해 그들의 주변 인구에 흡수될지도 모른다는 위험 의식을 엿볼 수 있다. 이 신화는 19세기 후반까지도 전해지고 있었다. 그들이 가졌던 조상인 보라하는 난파된 어부인데, 그와 선원들은 온통 여자들만 사는 섬에 표류했다고 한다. 선주민들이 그의 동료들을 죽였지만, 한 자비로운 노파가 보라하를 구해 낮에는 큰 상자에 숨겨두고 밤에만 낚시를 하러 나오도록 허락했다. 어느 날 밤 그는 자신을 안전한 곳으로 데려다주겠다고 하는 돌고래를 만났고, 돌고래는 그를 노시 보라하로 인도했다.*[20]

알프레드 그랑디디에Alfred Grandidier가[21] 관찰했듯이, 17세기의 이 모든 격리된 여성들에 대한 기록은 중동 이주민들의 후손들—일부는 무슬림, 일부는 유대인—을 가리켰으며, 이들 모두는 실제로 더 큰 인구집단에 흡수되었다. 그는 이러한 묘사들이 1690년대 해적들이 등장할 무렵 갑자기 사라졌다고 지적하며, 이후에는 생트마리에서조차 주민들의 성적 관습을 다른 말라가시인들과 구별할 수 없게 되었다고 말한다. 마다가스카르의 다른 곳들과 마찬가지로, 혼전 모험은 평범한 성장 과정의 일부로 여겨지고 혼외 성관계는 기껏해야 사소한 잘못으로 간주된 반면, 배우자 한쪽의 '격렬한' 질투는 심각한 도덕적 결함으로 여겨졌다.

어떻게 이런 일이 일어났을까?

장기적으로 이는 분명 자피 이브라힘이 내부의 외부자로서 갖고 있던 특권적 지위에서 밀려나고, 그 자리를 처음에는 해적들이 그리고 다음에는 말라타가 차지하게 된 사실과 관

---

* 나는 보통 이런 종류의 해석을 선호하지 않지만, 이 신화는 정말로 프로이트적 해석을 강력하게 요구하는 듯하다. 여성들만 있는 섬이라는 위험한 섹슈얼리티에 둘러싸인 영웅은 먼저 자궁(노파의 상자)으로 도피했다가, 남성성을 상징하는 익숙한 대상에 자신을 일치시킴으로써 탈출한다.

련이 있을 것이다. 주목할 만한 특권을 잃은 자피 이브라힘으로서는 더 이상 이웃들의 도덕적 기준을 철저히 거스를 이유가 없었다. 그들이 이웃과 자유롭게 섞이게 되면서 자기 정체성을 가진 집단으로서의 자피 이브라힘은 대부분 사라졌다. 그러나 여전히 의문이 남는다. 왜 이런 측면에서 해적들이 더 선호되었는가? 결국 그들은 다른 말라가시인보다는 안테모로나 초기의 자피 이브라힘에 훨씬 더 가까운 성적 관습을 가진 나라에서 왔는데 말이다(존 플랜틴은 아내의 정부가 될 가능성이 있는 사람에게 그 자리에서 기꺼이 총알을 날렸다).

그 답은 아마도 해적들이, 적어도 정착한 후에는 불평을 늘어놓을 위치가 아니었기 때문일 것이다. 엄청난 양의 돈과 보물을 소유하고 있었을지 모르지만, 그들에게는 사회적이거나 경제적 자본이 거의 없었다. 바로 곁에 있는 동료들 외에는 의지할 동맹이 없었고, 특히 초창기에는 그들이 새로운 터전으로 삼은 사회의 관습, 기준, 또는 기대에 대한 실질적 이해도 없었다. 그들은 자신들을 받아준 이들에게 완전히 의존할 수밖에 없었다. 머빈 브라운Mervyn Brown이[22] 지적했듯이, 너무 잔인하거나 심지어 다른 여자 때문에 아내를 버리겠다고 위협하는 해적이 있다면 저녁 식사에 독을 넣는 식으로 손쉽게 제거될 수 있었다. 그 경우 남은 전리품은 모두 미망인과 그녀의 가족에게 넘어갔을 것이다.

그 결과는 전형적인 이방인 왕Stranger King의 시나리오였다. 많은 사회, 아마도 대부분의 사회에서, 먼 곳에서 온 재물이나 경이로운 것들은 설령 신비한 이방인이 가져온 게 아니라고 하더라도 인간 생명력의 본질적 부분을 지닌 것으로 여겨진다.[23] 그 논리는 이렇다. 모든 사회 질서는 스스로를 완전히 재생산할 수 없다는 것을 적어도 암묵적인 수준에서는 이해하고 있다. 출생, 성장, 죽음, 창조성과 같은 특정한 근본적 문제들은 항상 그들의 힘이 미치는 영역 너머에 있다는 것이다. 생명은 그 정의상 외부로부터 오는 것이다. 따라서 이러한 외부의 힘을 외부에서 출현한 비범하고 전례 없는 사람들과 물건들에 동일시하는 경향이 강했다.

말라가시어에서 이 모든 것은 종종 상당히 명시적인데, 이는 그러한 존재들이 일반적으로 자나하리 또는 안드리아마니트라Andriamanitra로 불리기 때문이다. 이 말들은 보통 '신'으로 번역되지만 실제로는 강력하거나 장엄하지만 설명할 수 없는 모든 것을 아우르는 용어이다.[24] 어떤 특정한 외래의 물건이 모두 그렇게 인식될 것이라는 보장은 없다. 그것은 단지 이국적인 쓰레기로 분류될 수도 있고, 그것을 가져온 사람들이 위험한 야만인으로 여겨질 수도 있다. 그것은 전적으로 맥락과 당시의 정치적 상황에 달려 있다. 하지만 만약 누군가가 직접적으로 근원을 향함으로써, 거들먹거리는 의례 전문가 계층을 대체할 기회를 찾고 있었다면, 이것이야말로 아주 분명한 방법일 것이다.

내가 말하고자 하는 바는 이것이다. 베치미사라카의 여성들과 그들의 남성 친족들은 내부의 외부자인 지배 계급을 전복하기 위해 안테모로처럼 봉기하지는 않았지만, 해적들을 받아들임으로써 사실상 같은 효과를 얻었던 것이다. 자피 이브라힘은 역사에서 사라졌다. 여성들은 이전의 성적 제약에서 해방되었다. 물론 성적 제약은 언제나 여성들의 다른 모든 행동을 통제하는 수단이기도 했다.

이 혁명은 신화적인 방식으로 이루어졌다. 마셜 살린스는 피지Fiji에서 이방인 왕으로서의 추장이 상징적으로 결혼하고,[25] 다음에는 그 땅의 딸들에 의해 '상징적으로 독살'당하는[26] 과정을 기록했다. 말라가시에서는 이 과정이 종종 문자 그대로 일어난 것 같다.

해적을 상대한 모험적인
젊은 여성들

　얼핏 볼 때 우리가 가진 증거들이 이런 해석을 명백히 뒷받침하는 것처럼 보이지는 않는다.

　이를테면 애덤 볼드리지가 나중에 뉴욕에서 행한 증언 중 자신의 첫 번째 생트마리 체류에 대해 간단히 언급한 내용이 있다. 1691년 4월 그를 생트마리로 데려온 배는 그와 몇몇 다른 사람들을 남겨두고 떠났다. 한 어린 견습생을 제외하고 [섬에 남겨진] 모두가 열병으로 쓰러졌다. 볼드리지와 그의 조수는 즉시 자신의 새로운 이웃들이 본토의 다른 이웃들을 습격하는 것을 돕겠다고 자원했다.

　나는 생트마리에서 흑인들과 함께 지내며 그들과 전쟁에 참여했다. … 91년 5월에 나는 70마리의 가축과 몇몇 노예들을 데리고 전쟁에서 돌아왔다. 나는 생트마리에 집을 짓고 정착했는데, 마다가스카르섬에서 많은 흑인들이 나를 찾아와 생트마리섬에 정착했다. 나는 그들과 평화롭게 살면서, 그들이 북쪽으로 60리그[288㎞] 떨어진 곳의 다른 흑인들에게 잡혀간 아내와 자녀들을 되찾는 것을 도와주었다.[27]

처음에는 누가 누구와 싸운 것인지 분명하지 않지만, 볼드리지는 자피 이브라힘족이 아닌 북쪽의 안톤길만에서 온 난민 부족과 결혼한 것으로 보인다.* 몇 년 후, 생트마리에서 몇 주를 보낸 헨리 왓슨Henry Watson은 거기에 볼드리지와 로렌스 존스턴Lawrence Johnston이라는 "두 명의 늙은 해적"이 있었다고 증언했다. 그들이 "마다가스카르에서 흑인 노예를 거래하는 척하면서" 지나가는 약탈자들에게 식량과 탄약을 공급했다는 것이었다.

이 두 사람은 모두 현지 여성들과 결혼했고, 다른 많은 이들

---

* 이는 1722년의 젊은 '애덤 볼드리지'[애덤 볼드리지의 아들]가 왜 생트마리가 아닌 안톤길의 통치자였는지를 설명해준다. — (옮긴이) 앞서 그레이버는 프랑스 동인도 회사의 기술자인 샤르팡티에 드 코씨니가 안톤길에서 '볼드리지 왕'을 만났다고 했는데, 아마도 생트마리의 유명한 해적왕[애덤 볼드리지]의 아들일 것이라고 추정한 바 있다. 그런데 이것은 1722년이 아니라 1733년의 일이다. 뒤의 연표에도 1733년으로 기록된 거로 보아 이 주석에서의 1722년은 오기誤記인 것으로 보인다. 참고로 1722년은 클레멘트 다우닝이 해적인 제임스 플랜틴과 그의 '장군'인 척했던 '물라토 톰'[라치밀라호]을 만난 해이다.

도 마다가스카르에서 결혼했다. 그들은 생트마리에 7~8문의 대포를 갖춘 일종의 요새를 가지고 있었다. 그들은 주민들과 친분을 쌓기 위해 현지 여성들과 결혼했으며, 주민들과 함께 다른 소규모 나라의 왕들을 상대로 전쟁을 벌였다. 한 영국인이 그와 함께 사는 군주와 전쟁에 나가면, 그는 수고의 대가로 노예의 절반을 가졌다.[28]

'그와 함께 사는 군주the Prince with whom he lives'라는 구절은 매우 의미심장해 보인다. 초기의 많은 사례에서, 해적 정착민들은 유력 인사들의 딸과 결혼하여 결국은 생트마리 항구나 본토에서 그들과 함께 거주했던 것으로 보인다. 특히 뉴욕과 모리셔스의 노예 시장에 노예를 공급해야 하는 압박이 있던 처음 6~7년 동안, 그들은 분명 이러한 미해결 분쟁들을 이용해—물론 언제나 성공적인 것은 아니지만—해외에 팔아넘길 포로를 획득했다.

그렇다면 외국인들의 기록에 계속 언급되는 이 지역의 "왕들"과 "군주들"은 누구였을까? 로베르 카바네Robert Cabanes는[29] 베치미사라카 연합의 등장 전 2세기 동안의 북동부에 대한 여행자들의 모든 기록을 세밀히 연구하여, 당시 북동부 사회가 실제로 어떻게 작동했는지를 그럴듯하게 재구성했다. 당시나 지금이나, 현재 베치미사라카 영토 내 압도적 다수의 주민은 섬에서 가장 비옥한 곳으로 여겨지는 해안가 여러 강의 계곡에 살았다. 그들은 **타리키**tariky라고 불리는 약 50개의 내혼內婚 부족들로 나뉘어 있었다. 각 부족은 600명에서 1,600명 정도의 인구로, 각자의 영토를 보유했다. 주요 작물은 쌀이었는데, 대부분 정기적으로 재분배되는 이동식 화전인 **타비**tavy 밭에서 재배되거나, 혈통의 **필로하**filoha('수장들')에게 할당되곤 하던 습지에서 더 집약적으로 재배되었다. 모든 마을에는 대연회장이 있어서 모든 사람이 함께 점심을 먹었고, 공동 곡물 창고가 있어 각 가정이 자신들의 저장물을 보관했지만, 부족한 경우 어떤 가정이든 이용할 수 있는 공동 저장소도 있었다. 이것이 바로 플라쿠르가 거기에는 부자와 가난한 자가 없다고 기록한 이유이다.

그러나 결코 평등한 사회는 아니었다. 모든 사람이 생명을 유지할 수단에 접근할 수 있었지만, 생명을 창조할 수단에 대해서는 동등한 접근권을 가지진 않았다. 마을의 수장들이 여러 아내를 두었던 것처럼, 각 씨족에는 **필로하베**filohabe 즉 '대수장'이 이끄는 지배적인 혈통이 있었는데, 이들은 딸의 대부분을 부족 밖으로 내보내지 않았다(그들을 동일 혈통 내에서 결혼시키거나, 다른 혈통에서 남편을 데려옴으로써 말이다).

하지만 이러한 핵심 혈통들은 다소 날림으로 만들어진 집단들이었고, 항상 붕괴 직전에 있었다. 딸들을 통해 덧붙여진 종속 혈통들은 불만을 품고 분리해 나가서 자신들만의 부족을 만드는 경향이 있었다.* 이는 어렵지 않았다. 토지는 결코 부족하지 않았다. 따라서 이를 막는 것이 **필로하베**의 주요한 정치적 과제였으며, 이를 위해 유일하게 부족**했던** 핵심 자원인 가축을 둘러싼 지속적인 조율이 필요했다. 동부 해안의 숲은 비옥하고 인구가 적었지만, 가축을 기르기에는 딱히 적합한 환경이 아니었다. 그럼에도 소는 절대적으로 중요했는데, 첫째, 분쟁을 해결하기 위해서였고 (모든 분쟁은 벌금으로 해결되었고, 모든 벌금은 소로 지불되었다), 둘째, 조상신을 만드는 공동 제사를 열기 위해서였으며 (지금도 여전히 행하고 있다),[30] 셋째, 특정 부족의 부와 권력을 다른 이들에게 과시하기 위해서였다.

유럽인 관찰자들은 종종 **필로하베**를 "왕들"이라 불렀으며, 그들이 자주 서로 전쟁을 벌였다고 기록했다. 한편으로는 이러한 호칭이 전혀 이해되지 않는 것은 아니다. 그들은 대개 중국 도자기와 중동의 유리제품들로 가득한 화려한 집에 살면서, 아내들과 하인들에 둘러싸여 있었다. 하지만 카바네의 주장에 따르면, 전쟁이 수행되는 방식 때문에 어느 누구도 자신의 지위를 지역적인, 심지어 광역적인 지배력으로 전환할 수는 없었다.[31]

너무 많은 소를 가진 부족의 마을은 이웃한 필로하의 야

---

* 이는 부족들이 전반적으로 부계父系 구조임에도 불구하고, 많은 경우 여성을 시조로 모시고 있다는 표면적인 모순을 설명해준다.

간 습격 대상이 되었다. 이웃 **필로하**는 소, 또는 소와 교환할 할 수 있는 포로(주로 여성이나 아이들)를 노렸다. 때로는 이 것이 두 **필로하베** 군대 간의 약속된 전투로 확대되기도 했는데, 전투는 전사자가 한둘 생기면 다시 포로 교환과 소의 재분배를 위한 정교한 협상으로 마무리되었다. 항상 모든 포로를 되찾을 수는 없었고, 일부는 보통 어떤 **필로하**의 거처에서 노예로 지내며 그들의 가족이 그들을 구하기 위한 자원을 모으길 기다려야 했다. 하지만 이러한 경우조차 정말 영구적인 불평등으로 이어지지는 않았다. 플라쿠르가[32] 관찰한 바와 같이, 되돌아가지 못한 포로들은 결국 지배 혈통에 입양되고 결혼했기 때문이다.

따라서 카바네는[33] 전쟁이 혈통 체계의 '사회적 재생산

공동체의 문제를 논의하는 회합 카바리 모습.

134

수단'이 되었다고 주장한다. 이 표현은 다소 오해의 소지가 있는데, 그가 실제로 주장한 것은 씨족들이 결혼하고, 재생산하고, 조상신을 만드는 수단을 얻기 위해 전쟁이 **필수적**이었다는 것이 아니다. 피에르 클라스트르가[34] 아마존 지역 연구를 통해 주장했던 것처럼 전쟁이 집단을 작게 유지하고 그들의 지도자들이 진정한 강제력을 축적하지 못하도록 했다는 것이다. 가장 강력한 **필로하베**조차 자신의 가족 외의 사람들에게 명령을 내릴 실질적인 능력이 없었던 것으로 보인다. 직접적인 전쟁의 수행을 빼고는 말이다. 공동체의 문제들에 대한 결정은 **카바리**kabary라고 불리는 회합에서 정교한 합의 도출 과정을 통해 이루어졌는데, 이는 마을, 씨족, 또는 (예를 들어, 외국의 침략 가능성이나 해안가에서 유럽 선박이 목격된 경우처럼) 더 중대한 사안은 지역 단위로 이루어졌다. 마예르의 말에 따르면,

그리고 지역과 부족 단위로 열리는 대규모 **카바리**가 있다. 지도자들은 창과 방패, 온갖 군사 장비로 무장하고 온다. 주민들은 **카바리**에 참여한 지도자들의 지위와 품성, 그들의 숫자 그리고 이 엄숙한 회합에 대한 호기심에 이끌려 지도자들을 따라왔다가 발언까지 하게 된 추종자들의 숫자 등을 결코 잊지 못한다. 그래서 **카바리**를 기준으로 시대를 나누는 것은 그들의 전통이다. 이러한 종류의 **카바리**는 대규

모 군중을 수용할 수 있는 장소에서 열리는데, 보통 지역의
중심부와 가장 큰 마을 근처에서 열린다. …

회합은 우발적으로 열리곤 했다. 어떤 사건에 대한 소식이
들리면 작은 **카바리**가 형성되어 입소문이 퍼졌고, 호기심에
이끌린 사람들이 자신의 마을에서 나와 소통의 중심지를
찾아 접근했으며, 그 땅의 모든 중요 인물들에 둘러싸이면
카바리가 열렸다. 언제 돌아갈지 알 수 없었기 때문에 식량
을 가져왔다.[35]

숙의 과정deliberations은 며칠이 걸릴 수도 있었다. 필요하
다고 판단되면, 씨족들의 임시적인 연합체의 군대를 이끌 수
있는 전쟁 지도자가 어떤 상황을 해결하기 위해 선출될 수
있었다. 16세기에 해안가에 출몰하기 시작한 포르투갈과 네
덜란드 선박들과의 소와 쌀 거래를 조정하기 위해, 그리고 이
후 그들이 간간이 설치하려 했던 다양한 군사 전초기지들을
파괴하기로 결정하기 위해 이러한 회합들이 소집되었을 것이
라고 상상할 수 있다. 1697년, 해적들에 대한 조직적 공격
을 개시하는 결정을 위해서도 이러한 대규모 **카바리**가 분명
히 소집되었을 것이다.

마다가스카르 관련 학술 문헌에서 카바네의 논문은 일
종의 이정표로 여겨지며, 이론적인 역사 분석의 모델로 간주
된다. 이는 정당한 평가다. 하지만 카바네는 분명 자신이 설

명하고 있는 사회의 평등주의적 측면을 과대평가했다. 첫째, 그는 자피 이브라힘과 다른 의례 전문가들의 역할을 완전히 무시하고 있다(우리가 보게 될 것처럼 이 지역에는 자피라미니아와 안테모로의 점성술사들과 주술사들도 있었다). 그가 말하는 것처럼 소가 혈통들 간의 '소통 매체'였다면,[36] 특정 계급의 구성원들만이 소를 제물로 바칠 수 있었다는 사실은 분명 중요한 의미를 갖는다.

둘째, 여러 **필로하, 필로하베**와 그들의 전사들이 자신을 일종의 귀족으로 여겼다는 증거가 있다. 마예르의 텍스트는 이를 매우 명확하게 보여준다. 라치밀라호 기록에서 그들은 반복적으로 '왕들'을 의미하는 **음판자카**mpanjaka로 언급된다. 구전 또한 이를 확인해주는데, 이 이야기들은 이 초기 시기를[37] 거의 예외 없이 '왕들'의 행적으로 이야기한다. 씨족들이 서열화되지 않았던 것은 사실이지만, **음판자카**들은 서열화되어 있었다. 예컨대 우리는 라치밀라호가 특정 시점에 "첫째, 둘째, 셋째 등급의 **음판자카** 가문에서 선발된 젊은이들"[38]을 자신의 전령으로 선택했다는 기록을 접하며, 라치밀라호의 어머니가 단지 2등급 귀족 **음판자카**의 외동딸이었다는 점도 간간히 언급된다.[39] 우리는 이 서열 체계의 기반이 정확히 무엇인지는 모르지만, 이 세 등급이 단지 전쟁 지도자, 씨족 수장, 마을 수장을 지칭한다 하더라도, 그들의 존재는 씨족 내의 구분이 씨족 외부에서도 인정되는 일종의 등급화된 귀족제로 전환될 수 있었다는 것을 보여준다.

마지막으로—그리고 이것이 우리의 현재 목적에서 정말 중요한 점인데—클라스트르와 마찬가지로 카바네는 전쟁이 남성의 다른 남성에 대한 통제를 약화시키는 동시에 여성에 대한 통제를 강화하는 경향이 있었음을 강조한다. 여성들은 오직 교환을 위한 주화 혹은 축적 가능한 부$_{\hat{B}}$로만 등장한다. 여성의 성$_{\text{sexuality}}$을 통제하려는 노력은 거의 없었던 것으로 보이지만, 이러한 장치들의 대부분은 직간접적으로 그들의 생식을 통제하는 역할을 했다. 여성들은 납치되고, 되찾아지고, 지배 혈통에 부속되었지만, 그들 자신이 독자적인 행위자로 등장하는 경우는 드물었다.

더욱이, 해적들을 상대할 때 이 여러 **음판자카**들이 먼저 떠올린 것은 자기 혈통의 여성들과 소녀들을 일종의 교환 매체로 제공하는 것이었다. 아마도 처음에는 자피 이브라힘에 대한 우위를 획득하기 위한 방법이었을 것이다. 이러한 관행에 대한 최초의 서면 기록인 클레멘트 다우닝의 기록으로 돌아가 보자. 4월 18일, 다우닝의 선원들은 남아 있는 해적 소굴들을 찾아 박멸하기 위한 임무를 띠고 생트마리에 정박했다. 그들은 옛 요새가 폐허가 되고, 해적들 대부분이 섬을 떠나 본토로 이동했다는 것을 발견했다. 현지의 '왕'—자피 이브라힘 혈통이 아닌 것으로 보인다. 왜냐하면 이 혈통은 이 시점에서 섬에서 대부분 쫓겨난 것으로 보이기 때문이다[40]

―은 그들을 열렬히 맞이했다.

19일 정오쯤, 왕과 군주, 왕의 두 딸이 배에 올라왔다. 왕은 두 딸을 선물로 선장에게 주었는데, 이는 그들이 해적들에게 관행적으로 해온 일이었다. 우리도 똑같으리라 생각한 것이다. 선장은 이러한 친절한 제안을 거절했지만 장교들 중 몇몇이 그 귀부인들을 받아들였는데, 그들은 그러한 영광을 위해 비싼 대가를 치렀다. 한 명은 목숨을 잃었고, 다른 한 명은 심각한 부상을 입었기 때문이다. 왕은 선장과 부관들에게 육지로 올 것을 제안했고, 그들이 상륙했을 때 왕은 그들에게 자신들의 친구가 되고 해치지 않을 것임을 바다에 맹세하게 했다. 그리고 더 확실한 확인을 위해, 그들은 모든 이에게 화약이 섞인 소금물 한 잔을 마시게 했다. 이는 우정의 징표로써 해적들에게 배운 의식이었다.[41]

이 텍스트는 여러 면에서 시사적이지만, 여기서 핵심은 이른바 그 땅의 딸들을 제공하는 것이 현지 **음판자카**들과 섬을 찾은 해적들 간의 우호 의식의 일환으로 시작된 것으로 보이고, 이것이 곧 외국 상인들과 다른 방문자들을 맞이하는 정례적인 특징이 되었다는 점이다. 이 경우 거의 모든 외국인 관찰자들이 주목한 사실 두 가지는 제공된 여성의 출신이 고귀하다는 것과 젊다는 것이었다.[42] 예컨대 1823년 프

랑스 여행가 르게벨 드 라콩브Leguével de Lancombe가 해안 도
시 안데보란토Andevoranto에 도착한 첫날 아침에 그는 젊은 무
용수 일행의 환영을 받았다. 공연에서 "그들은 자주 노골적
인 동작과 몸짓을 지속하며 내게 다가왔다."[43] 그중 한 명을
성적 파트너로 선택하지 않는다면 무례한 것이라는 이야기
를 듣고, 그는 현지 **필로하**의 두 딸 중 나이가 많아 보이는 딸
을 가리켰는데, 그는 그녀의 나이가 기껏해야 16세를 넘지
않았을 것으로 추정했다. 이는 그녀의 부모로부터 큰 기쁨의
환호성을 이끌어냈다.[44] 이 이야기 역시 결국 외국인들과 (이
경우에는) 소녀의 가족 중 한 명이 피의 형제 맹세를 하는 것
으로 끝이 났다.

그렇다면 왜 **음판자카**의 어린 딸들이었을까? 아마도 이
렇게 생겨난 동맹의 지속을 통해 해당 방문자를 확실하게 **음
판자카**의 가정에 직접 편입시킬 수 있었기 때문일 것이다. 성
인 여성은 자기 소유의 집이 있거나, 남편이 집을 제공할 것
으로 여겨졌다. 십대들은 아직 부모와 함께 살았다. 앞서 본
것처럼, 지배 혈통들은 항상 딸들과 처거제 혼인을 시키는 방
식으로 새로운 구성원들을 자신들에게 부속시키려 했다. 만
약 이것이 실제로 해적들을 다루는 일반적인 관행이었다면,
이는 해적들이 군주들과 함께 살았다는 헨리 왓슨의 언급과,
그들이 어떻게 그토록 빨리 포로의 포획과 되찾기를 목적으
로 하는 상호 습격에 휘말렸는지 설명할 수 있을 것이다.

×××

하지만, 분명 이것이 여기서 일어난 일의 전부는 아니었다. 결국, 만약 해적들이 단순히 고용된 총잡이이자 이국적 물품의 공급자로 기존의 혈통 구조에 편입되었다면, 그들의 자녀들은 분명 그들 후원자의 혈통에 흡수되었을 것이며 결국 아무것도 크게 변하지 않았을 것이다. 말하자면 우리는 말라타나 베치미사라카 왕국의 출현을 결코 보지 못했을 것이다.

그렇다면 다른 어떤 일이 있었던 걸까?

당대의 자료들은 매우 단편적인 증거만을 제공한다. 하지만 '왕들과 군주들'이 쌀과 소 거래를 통제했던 것으로 보이는 반면, 유럽인 거주지 주변에 시장들이 금세 형성되었고, 이 시장들을 곧바로 여성들이 지배했다는 흔적들이 있다. 볼드리지의 증언 자체가 이를 시사한다. 그는 생트마리에 정박한 선박들에 자신의 소들을 공급했던 한편, 1692년에 이르면 그의 보고서에는 "나는 그들에게 당장 소비할 가축을 공급했고, 흑인들은 가금류, 쌀, 얌을 공급했다" 같은 구절들이 등장하기 시작한다.* 그는 이 상인들이 누구였는지에

---

* 1693년 10월 튜 선장이 도착했을 때도, 그들은 "내게서 약간의 소를 얻었지만, 식량과 선박 보급품은 흑인들에게서 구매했다." 혹은, 1695년 위크 선장의 배인 **수사나호**의 경우, "내가 그들에게 약간의 소를 나눠주긴 했지만, 대부분은 흑인에게서 보급받았다."(Fox, *Pirates in Their Own Words*).

141

대한 어떤 힌트도 주지 않지만, 이들 중 많은 이들이, 아마도 그 대부분이 여성이었던 것으로 보인다.* 사실, 해적들은 그 숫자만으로도—전성기에는 북동부 전역에 적어도 800명이 흩어져 있었다고 전해진다—이전에는 결코 존재하지 않았던 사회적 가능성들을 열어준 것으로 보이며, 이 지역의 더 모험적인 많은 젊은 여성들이 이를 재빨리 활용했다.

---

* 예를 들어, 존슨은 나다니엘 노스가 생트마리 맞은편 해안가로 알몸으로 헤엄쳐 왔을 때의 이야기를 전하는데, "백인들의 집에서 가금류를 팔던 한 여인"을 제외하고는 모두가 그를 영혼으로 오해했다고 한다(*A General History of the Pyrates*, 520). 지역 시장은 오늘날에도 여성들이 주도하는 경향이 있다.

여성 상인들과
마법 주술들

어느 날 네 자매가 자신들의 운을 찾아 나섰다. …

— 베치미사라카 민담의 도입부[45]

오늘날 베치미사라카의 구전들은 해적들에 대해 거의
아무 말도 하지 않는 것 같다. 말라가시인의 관점에서 보는
해적들의 도착에 대한 평가에 가장 근접한 것은 라치밀라호
의 기원을 전하는 어느 텍스트인데, 지역에서 구전되던 것
을 옮겨 적은 것이 틀림없다. 이 텍스트는 페네리베-에스트
Fénérive-Est에 있는 지역사 박물관인 뮤제 랑피Musée Lampy에
서 찾을 수 있다. 비록 이름과 날짜들이 도저히 알아볼 수 없
을 정도로 뒤섞여 있지만,* 그럼에도 불구하고 중요한 텍스트
이다.

그 당시 바비티아나라는 여성이 있었다. 바비티아나는 사칼라바족 사람이다. 그녀의 목표는 남편감을 찾는 것이었다. 그녀에게는 마타비라는 친구가 있었다. 두 소녀는 매일 해변으로 내려가 선원들을 지켜보곤 했다. 이들의 두 번째 목표는 선원들과의 거래에 참여하기 위한 방법을 찾는 것이었다. 이 두 가지 목표가 바비티아나와 마타비를 사로잡고 있었다.

예전에는 남편 없이 산다는 게 힘들었다. 사회가 아무런 대우도 해주지 않았기 때문이다. 그래서 그들은 남자들을 매혹시킬 수단을 찾았다. 그들은 '오디 피티아ody fitia'라고 부르는 사랑의 주술을 걸었다. 주술은 효력이 있다고 여겨졌다. 그렇게 바비티아나와 그녀의 친구는 구원받았다.

이 두 친구는 같은 곳에 살지 않았다. 바비티아나는 이 지역에 살았지만 마타비는 사칼라바 지역에서 살았다. 몇 년 후 마타비와 그녀의 남편에게 이치밀라호Itsimilaho라는 이름의 아기가 생겼다. 이치밀라호가 성년이 되었을 때 라헤나라는 여자와 결혼을 하면서 이름을 라치밀라호로 바꾸었다. 1774년, 라치밀라호는 랄라하이키 왕에게 패배하고 보히마시나Vohimasina로 이주했다.

---

* 사실 라헤나는 라치밀라호의 어머니였고 마타비는 아내였다. 바비티아나는 타마타베에 묻혀 있는 베치미사라카 예언자인데, 시대도 다르고 이 일과는 아무런 관련도 없는 사람이다(Besy, "Les differents appelations de la ville de Tamatave"). 게다가 1774년이라면 라치밀라호가 죽은 지 한참 지난 때이다.

유럽인들의 기록에서는 말라가시 여성들을 남성들이 다른 남성들에게 제공하는 성적인 '선물'로 묘사하지만, 여기서는 행위를 [주도적으로] 개시하는 것이 여성들이다. 말라타는 외국인 해적들이 해안에 정착해 현지 아내를 얻었기 때문이 아니라, 말라가시 여성들이 결혼하기 위해 외부 남성들을 찾아 나섰기 때문에 생겨났다. 실제로 여성들은 남성들을 얻기 위해 강력한 **파나포디**fanafody, 즉 약물을 사용하는 것도 마다하지 않았다. 나중에 보겠지만, 오랫동안 마다가스카르에서 이러한 약물들은 욕망이나 연정을 불러일으키는 능력뿐만 아니라 다른 이들을 자기 뜻대로 완전히 복종시키는 수단으로도 유명했다. 다른 이들의 마음과 행동을 직접적으로 통제하도록 고안된 거의 대부분의 주술은 '사랑의 마법'으로 분류되었다.[46]

이 기록은 또한 여성들의 주된 동기가 로맨틱한 것이 아니었음을 명확히 보여준다. 그들은 사랑에 시름한 것이 아니라 (남편이 없는 여성이 '아무런 대우도 받지 못하는' 상황에서) 존중받을 수 있는 방법과 상업에 참여할 수 있는 수단을 찾아 나선 이들이었다. 그러니까 그들이 매일 해변에 내려가 선원들을 찾았다면 그것은 우선, 이국적 외부인들, 특히 유럽이나 아라비아처럼 머나먼 땅에서 온 외부인들이 자동으로 높은 지위를 가진 것으로 여겨졌기 때문이고 (당대의 자료들은 자주 이러한 사실을 보여준다), 다음으로는 선원들, 특히 해적들이 막대한 양의 교역 가능한 상품들을 가져왔을 것이기 때문이다. 이 여성들은 단순히 남성들이 벌이는 게임의 장기 말이 아니라, 자기 권리를 가진 사회적 행위자가 되기 위한 수단을 찾고 있었다.

오늘날까지도 베치미사라카 여성들은 외국 남성들과 관계를 맺는 성향으로 잘 알려져 있는데, 외국 남성들과의 관계는 이들에게 경제적 프로젝트의 기반으로 활용되기도 한다. 오늘날 이러한 성향은, 남성들이 변덕스럽고 꾸준함이 없기에 돈을 다룰 능력이 전혀 없다는 풍조와 함께한다. 남편들은 수입을 분별없이 탕진하지 않기 위해 곧바로 그것을 아내들에게 넘겨야 한다는 것이다. 이를테면 제니퍼 콜Jannifer Cole이라는 여성은 현대 타마타베에 거주하는 여러 남성들에 대해 내게 설명하면서, "오랫동안 성공적으로 결혼생활을 유지하는 남자들은 자기들이 단 한 번도 스스로 셔츠를 산 적이 없다는 걸, 그들이 돈 관리에 있어서 얼마나 배우자를 신뢰하는지에 대한 증거로 자랑스럽게 말한다"고 전한다.[47]

콜은 이것이 식민지 시기 부르주아의 이상적 가정상에서 연원하는 것이라고 말하는데, 이는 부분적으로 사실일 것이다. 하지만 베치미사라카 여성들이 시장을 지배하고, 부유한 남자들과 상업적 동맹을 맺어 그들의 상업적 대리인으로 활동했던 훨씬 더 오래된 전통도 고려해야 한다. 이러한 여성들은 **바딤바자하**vadimbazaha('외국인들의 아내들')라고 불렸으며, 적어도 19세기까지는 유럽 남성들과 어느 정도 공인된 다양한 형태의 가정을 유지했다. 일부는 일시적으로, 또 일부는 영구적으로 말이다.[48] 이들 **바딤바자하** 대부분은 (해안의 무역 언어가 영어에서 프랑스어로 바뀌어감에 따라) 이중 또는 삼중언어 구사자였고, 일부는 읽고 쓸 줄도 알았다. 당시 많은 이들이 혼혈이었다. 이들 중 몇몇은 여러 명의 바자하Vazaha(외국인) 남편들과 차례로 결혼했고 그 다양한 결합을 통해 태어난 다양한 혈통의 아이들을 자랑할 수도 있었다.

거의 모든 경우에 이 여성들은 스스로의 힘으로 성공한 상인들이기도 했다. 도미니크 브와Dominique Bois의 주장처럼, 당시 베치미사라카 영토의 해안 도시들은 "여성들의 도시"라는 표현으로 가장 잘 묘사될 수 있었다. 18세기에도 이 도시들은 대체로 아주 작았으며, 울타리로 둘러싸인 공간 안에 대략 20~50채 정도 되는 '큰 집들'이 자리하고 있었다. 그 중 가장 커다란 집에는 **바딤바자하**와 (자주 부재중인) 그들의 남편들, 그리고 여러 친족과 하인들이 살았다. 이 여성들은 진정한 의미에서 그러한 공동체의 중추를 이루었고 어떤 중요한 결정도 그들을 빼놓고 내려질 수 없었다.

해적들은 진취적인 말라가시인 아내들에게서 자신들이 가진 기본적인 문제에 대한 해결책을 찾았다. 불법적으로 획득한 막대한 부를 안전하고 편안한 생을 보장받을 수 있는 방식으로 처분하는 것을 둘러싼 문제 말이다. 단지 부에 대한 처분권을 야심 찬 여성 상인들에게 넘기기만 하면 되었다. 실제로 이후 수 세기 동안 외국 남성들은 **바딤바자하**가 연인들의 경제적·정치적 이익을 위해 절대적으로 헌신하는 모습을 언급하곤 했다. 어떤 이들은 아래에서 볼 수 있듯이 조금 과한 찬사를 보내기도 했다.

> 말라가시 여성은 신실한 친구이며, 자신의 이익만큼이나 당신의 이익에 헌신한다고들 한다. 그녀는 당신과 함께, 당신을 위해서만 행동한다. 그녀는 당신과 말라가시인 사이에 존재하는 굳건하고 견고한 유대이며, 이 유대는 죽음이나 당신의 멸시가 아니고서는 절대 깨지지 않는다. 당신은 그 안에서 우정과 안전, 보호를 발견할 것이다. 이런 안내자들과 함께라면 당신은 베치미사라카족 사이에서 안전하다는 확신을 가지고 돌아다닐 수 있다.[49]

'당신의 멸시'라는 한 구절은 이것이 가부장적인 종속이 아니라는 것을 보여준다. [관계에 대한] 충실은 상호적이어야 했다. 그렇다면 [관계를] 멸시할 경우에는 어떤 일이 일어나는가? 우리가 가진 자료들은 모호하다. 하지만 1870년대의 것으로 추정되는, 19세기 메리나Merina의 텍스트들에서 단서를 얻을 수 있다. 이 텍스트들은 고지대 무역상인들의 연인이 되었던 베치미사라카 여성들이 사용한 주술의 형태들을 묘사하고 있다. 이 여성들은 파트너가 배신할 경우 끔찍한 복수를 하는 것으로 악명이 높았다.

페히트라트라fehitratra, 이것은 무역상인의 아내들이 행했던 주술의 한 형태이다. 교역을 하는 남성은 부를 얻기 위해 바닷가에서 연인을 들일 것이다. "당신은 여기서 물건들을 팔아, 나는 수도를 오가며 물건들을 실어 나를게." 하지만 일단 부를 얻자 남성은 여성을 배신한다. 그녀가 자신을 죽일 수 있는 비밀스러운 힘을 지녔다는 것을 모르는 것이다. 그래서 그는 그녀를 속이고 공동의 재산을 들고 도망친다. 하지만 여성은 **페히트라트라**로 그를 파괴하는 법을 알고 있다. 그녀는 그를 반쯤 죽이고, 반송장 상태로 만드는 주술을 건다. 그는 명치 아래로 감각이 없어지고, 자기 집 침대에서건 마룻바닥에서건 언제 똥오줌을 누어야 하는지 알아차리지 못하게 된다. 발기도 되지 않는다. 아내가 주술을 건 곳은 바닷가이지만 병세는 해당 상인이 고지대로 돌아간 후에야 나타나며 그가 죽을 때까지 진행된다. 이것이 해안 사람들인 베치미사라카족이 행하는 저주이다.[50]

남자가 파트너의 신뢰를 완전히 저버리면, 이런 끔찍한 운명이 닥칠 수 있다. 만약 무역상인이 단지 고지대의 가족에게 돌아가기 위해 그녀를 버린 것이라면 그녀는 조금 덜 굴

욕적인 죽음을 선사할 수도 있었다.

라오-디아rao-dia, 이것은 상업을 위해 길을 떠나는 이들과 동침했던 베치미사라카인 여성들이 거는 주술이다. 여자는 자기의 남자가 밝은 흙 한 줌을 불태우고 다음과 같은 저주를 읊는다. "만약 그가 내 것이 될 수 없다면 누구의 것도 될 수 없게 하소서! 그에게 죽음이 내리기를! 그의 아내와 아이들은 무엇이 그를 죽였는지를 결코 알 수 없기를!" 그가 마을로 돌아가면 그와 동침한 여성이 건 주술도 길에서 그를 뒤따라간다. 그가 죽었을 때 사람들은 말한다. "여기 왔을 때는 완전히 멀쩡했어. 그런데 갑자기, 그냥 죽어버렸네!" 그것이 바로 **라오-디아**이다.[51]

이러한 다양한 형태의 복수 마법들—**페히트라트라, 마나라 모디, 라오-디아**—은 지금도 여전히 존재하고 있다(적어도 사람들이 자기가 이 마법들을 행한다고 주장하고 있다는 의미에서 말이다). 그리고 적어도 내가 참여했던 공동체에서 이것들은 일련의 다른 주술들과 함께 **오디 피티아** 즉 '사랑의 마법'으로 여겨졌다. 이를테면 **파나잉가 라비트라**fananinga lavitra(도망친 연인이 주술을 건 사람에게 돌아가기 전까지는 깨어날 수 없게 무아지경에 빠뜨리는 주술)나 **치미호아-봉가**tsimihoa-bonga(연인을 특정 범위 내에 가두는 주술) 같은 것들이 포함되었는데, 이들은 로맨틱한 상황에서 사용되거나 혹은 누군가를 자신의 의지 아래 굴복시키는 방법들이었기 때문에 **오디 피티아**로 간주되었다. 사랑의 마법은 무엇보다 힘[권력]과 통제에 관한 것이었다.[52] 이 마법들은 더 이상 특정 지역과 관련된 것으로 여겨지지 않는다. 하지만 150년 전에 이 마법들이 외부인들과 상업적이고 성적인 관계를 맺었던 북동부 해안 여성들의 전문 분야로 간주되었다는 사실은 확실히 의미심장하다.

무엇보다도 이 모든 것은 첫 번째 이야기에 나온 외국 선원들을 유혹하고 붙잡아두기 위해 '사랑의 주술'을 사용했다는 것이 실제로 어떤 함의를 지니는지 짐작하게 해준다. 해적들이 이런 가능성에 대한 정보를 매우 빠르게 입수했다는 것에는 의심의 여지가 없다. 그들이 새로운 말라가시 가족들과 정착할 때, 그들의 새로운 친구와 친척들은 분명 이 모든 것을 설명해주었을 것이다(완전히 불순한 의도만은 아니었을 것이 틀림없다). 자신들이 진심으로 해적들에게 뭐가 제일 좋을지를 생각한다고 말했을 것이다. 해적들이 자주 병에 걸리고 많은 수가 말라리아나 다른 열대 질환들로 죽었다는 점을 고려할 때, 주술을 둘러싼 소문이 얼마나 빨리 퍼져나갔을지 충분히 상상할 수 있다.

외국인 남편을 이용해
쟁취한 자유

　많은 이들이 여러 아내를 얻는 경향은 이런 상황을 전혀 바꾸지 못했으며 더 복잡하게 만들었을 뿐이다. 이를테면 존 슨 선장은 책의 한 부분―다소 공상적이라고 인정할 수밖에 없는 단락―에서 "너무나 아름다운 흑인 여성들, 그것도 한 두 명이 아니라 원하는 만큼 많은 여성들과 결혼해서 저마다 콘스탄티노플의 술탄만큼이나 많은 후궁들을 갖게 된" 해적 들에 대해 쓰고 있다.[53] 당시의 또 다른 사람들은 해적들이 아내들이 제공하는 안락한 생활에 매혹되어 바다에 나가는 것을 점점 더 꺼리게 되었다고 말한다.[54] 지금은 영어 번역본 만 남아 있는 19세기의 텍스트가 있는데, 여기에는 시골의 베치미사라카 공동체에 배속된 메리나의 선교사가 받은 충 격―분명 매우 과장된 반응―이 적나라하게 드러나 있다. 이 텍스트를 통해 우리는 훔친 재산이 많았던 사람들의 일부다 처제 생활이 실제로는 어떠했을지 짐작할 수 있다.

남편을 고를 때 여성은 남편의 성품에 대해서는 거의 따지지 않으며 그가 가진 돈과 재산이 얼마나 되는지를 주로 신경 쓴다. 그래서 착한 남자들이나 노동자들은 남편으로 선호되지 않는다. 사람들이 말하기를, 이런 사람들은 아내가 자신들을 위해 일하기를 바랄 것이기 때문이다. 그래서 도둑이나 강도까지 [남편감으로] 찾는다. 이들은 별 수고 없이 재산을 얻을 것이기 때문이다. …

좋은 지위를 가진 남자들은 네 명에서 열두 명까지 아내를 둔다. 그들이 말하길, 이렇게 많은 아내를 얻는 이유는 자신들을 위해 일을 시킬 수 있기 때문이다. 그러나 사실 남편은 조금의 쾌락이나 평안도 얻지 못한다. 이 많은 아내들에 의해 너무나 많은 다툼에 휘말리기 때문이다. 그곳에서는 광목천이 6야드에 1달러인데, 만약 남편이 아내들 중 한 명에게 **람바**lamba를 사준다면, 다른 아내들도 모두 똑같은 것을 받아야 한다고 생각한다. 그들이 평소 **로피아**rofia로 된 옷을 입더라도 말이다. 여성들은 결코 남편에게 충실하지 않기에 문제는 끊이질 않는다. 아내들은 각자 자기 집을 가지고 있으며 남편은 그들을 위해 자신의 시간을 쪼개야 한다. 설령 그가 너무 아파서 고개를 까딱할 힘도 없을지언정 어느 한 사람에게라도 적절한 몫의 관심을 주지 못하면 그녀는 다른 누군가와 함께 떠나버릴 것이다. …

사람들은 남자가 집에 없을 때 여자가 자유롭게 다른 사람을 만나는 것을 이해할만한 일이라고 생각한다.[55]

선교사의 설명에 따르면, 이러한 상황은 끝없이 복잡한 재산의 재분배로 이어진다. 잠시 남편을 떠난 여성들은 다시 돌아가는 조건으로 소 한 마리를 요구하곤 하기 때문이다 (많은 여성들이 결국 완전히 남편을 떠나기 전에 상당한 규모의 소 떼를 얻는다고 그는 강조한다). 이런 경우도 있다. 여러 아내를 둔 남자가 여행을 떠나고 아내들 중 한 명이 다른 연인과 함께 지내게 되면, 남편은 집에 일찍 돌아와 아내의 불륜 현장을 덮친 척하면서 간통에 대한 큰 벌금을 요구한다(그러면 그와 아내는 벌금을 반으로 나눌 것이다).[56]

이 선교사의 태도는 분명 터무니없이 선정적이다. 하지만 말라가시 마을에서 많은 시간을 보낸 사람이라면 누구나 온갖 종류의 마법 지식과 성적인 간계의 결합이 삶을 얼마나 무한히 복잡한 것으로 만들고 비잔틴식* 가십의 끝없는 원천을 제공하는지 안다. 적어도 이런 공동체에서의 삶은 결코 지루할 틈이 없다.

특히 부당한 것은 베치미사라카 여성들이 남편감을 고를 때 오직 재산만 본다는 [선교사의] 주장이다. 이것은 [해적이 아닌] 외국인들에게조차 사실이 아니다. 도미니크 브와가 말한 것처럼,[57] 무일푼의 바자하조차 헌신적인 파트너를 만날 수 있었다. 이러한 사실은 그녀가 지적했듯이 외국인들을 받아들일 때 작동하는 다른 가치들—품위, 환대—이 있다는 것을 보여준다. 나는 여기에 또 하나의 가치를 추가하고 싶다. 그것은 바로 자유이다.

앞서 나는 해적들이 도착했을 때 그들에게 경제적 자본은 많았지만, 사회적이거나 문화적인 자본은 전혀 없었다는 점을 이야기했다. 하지만 잠재적 파트너의 입장에서 볼 때는 이러한 사실조차 명백한 장점이었다. 첫째, 해적들은 다른 외국인들과 달리 아내의 결정을 간섭할 어머니나 다른 가족 구성원과 함께 오지 않았다. 둘째, 그들에게는 이곳과 관련된 아무런 사회적 지식도 없었으며 대개는 주변 사람들이 이해할 수 있는 언어로 말할 능력조차 없다. 이런 상황은 여성 파트너들을 단순한 중개자가 아닌 그들의 멘토로 만들어 준다. 비록 고전적으로 젠더화된 방식이기는 하지만 말이다. 여성 파트너들이 그녀의 아버지 집에 사는 십대가 아니라면(혹은

---

* '비잔틴byzantine'이라는 말은 일차적으로는 비잔틴 제국과 관련된 것을 지칭하지만, 일상에서는 과도하게 복잡하고 난해한 것을 지칭할 때 쓰인다. 19세기 유럽에서 비잔틴 제국의 매우 복잡한 행정체계와 정교한 궁정예법 등에 대한 부정적 평판을 담은 '비잔티니즘Byzantinism'이라는 말이 등장했는데, 이런 배경에서 '비잔틴'이라는 말에 '이해하기 힘들 정도로 복잡하고 난해하다'라는 의미가 파생된 듯하다.—옮긴이

거기서 벗어날 수 있게 된 이상), 이 또한 그녀들에게는 지역 사회를 효과적으로 재창조할 기회가 되었다. 항구 도시의 건설, 성적 관습의 변혁, 결국은 해적과 낳은 아이들을 새로운 귀족으로 신분 상승시키는 것, 이것들이 바로 이들이 해낼 수 있었던 일이다.

이러한 대담한 혁신의 가장 놀라운 예는 아마도 북동부가 아닌 남동부 즉 옛 안테모로와 안타노시Antanosy 왕국들과 실패한 프랑스 식민지 포르도팽에서 일어났다. 독자들은 포르도팽이 어떻게 파멸을 맞았는지 기억할 것이다. 식민주의자들이 프랑스에서 도착한 배에 타고 있던 여성들과 집단 결혼하기 위해 말라가시 아내들을 버렸을 때 (또는 적어도 그녀들의 지위를 강등시켰을 때) 포르도팽은 파괴되었다.

1697년 10월, 생트마리의 봉기를 피해 도망치던 해적선 **존 앤 레베카호**John and Rebecca가 포르도팽 근처에서 좌초되었고, 한 무리의 생존자들이 옛 프랑스 요새의 폐허를 피난처로 삼았다. 곧이어 인근 왕국에서 조사단이 왔는데 그중에 나이든 공주가 한 명 있었다. 그녀는 해적 중 한 명—마르티니크 농장주와 노예 어머니 사이에 태어난 혼혈이자 배의 갑판수였던 아브라함 사무엘—을 지목하며 그가 오래전 자신이 잃어버린 아들이라고 했다. 그녀는 오래전 프랑스 식민주의자와 결혼하여 남자아이를 낳았는데, 23년 전 포르도팽에서 철수할 때 그가 아이를 데려갔다는 것이다. 그녀는 모반母斑 등을 볼 때 틀림없이 사무엘이 그 아이라고 주장했다. 사무엘은 그녀에게 동조하는 연기를 할 만큼 영리했을 수도 있고 무슨 일이 일어나고 있는지 완전히 이해하지 못했을 수도 있다. 하지만 얼마 지나지 않아 그는 자신이 그녀의 책략에 의해 안토노시의 왕으로 지명되었다는 것을 깨달았다. 이후 십 년 동안 사무엘은 그녀의 날개 아래서 나라를 다스렸고, 어디를 가든 스무 명의 해적 동료들로 이루어진 경호대가 동행했다. 무엇보다 그는 그 왕국을 노예선들을 공격하기 위한 추가 습격 기지로 만들었다.[58]

우리는 공주의 동기가 무엇이었는지 모른다. 그러나 추측이 어렵지는 않다. 타노시Tanosy는 자피라미니아에 의해 통치되었는데, 이들은 가부장적인 내부의 외부자 집단 중 하나로, 여성들의 자율성을 엄격히 제약했다. 공주는 현지 정치에 대해 아무것도 모르기에 그녀에게 전적으로 의지해야 하는 무지한 외부인을 택해 그를 최고 권좌에 앉힘으로써, 그러한 가부장적 제약들에도 불구하고, 자신을 실질적인 왕국의 통치자 위치에 올려놓는 쿠데타를 행한 셈이다.

거인 다라피피와
마녀 마하오의 대결

내 생각에 이 모든 것이 함의하는 바는 당시 북동부에 최소한 두 개의 서로 다른 인간 활동 영역이 존재했다는 사실이다. 하나는 **음판자카**와 **필로하**가 지배하는 주로 남성적인 영역인데, 여기서 여성들은 가축처럼 영웅적 게임에 이용되는 장기말에 불과했다. 다른 하나는 마법적이고, 상업적이며 성적인 모험으로 이루어진 새롭게 떠오르는 두 번째 영역으로, 여기서 여성들은 최소한 동등한 참여자였으며 종종 상당한 우위를 점했다. 처음에 해적들은 불가피하게 첫 번째 영역으로 이끌려 들어갔다. 그러나 시간이 지날수록 여성들의 역할이 점점 더 두드러졌다.

아마 여기서도 해적들을 거의 전멸케 한 1697년의 봉기가 결정적인 전환점을 표시하는 듯하다. 존슨 선장의 기록은 저자의 추측과 창작이 섞이긴 했지만 실제 일어난 일의 메아리를 담고 있다. 이를테면 그가 《해적들의 일반 역사》에서 에이버리의 선원들이 처한 운명에 대해 쓴 기록은 아주 정확하게 시작한다.

> 마다가스카르 토착민들에게는 … 작은 군주들이 셀 수 없이 많다. 이들은 끊임없이 서로 간에 전쟁을 벌였고 포로들은 노예가 되었다. … 우리의 해적들이 처음 정착했을 때 이 군주들이 무척이나 동맹을 맺고 싶어 했다. 그래서 어떤 때는 이쪽 군주, 또 어떤 때는 저쪽 군주와 동맹을 맺었지만, 어느 쪽에 가담하든 승리는 확실했다. 흑인들에게는 총기가 없었고 그것을 사용하는 방법도 이해하지 못했기 때문이다.*[59]

그에 따르면 이런 사정 덕분에 해적들은 앞서 언급한 것처럼 많은 아내들을 얻을 수 있었다. 하지만 오래 지나지 않아, 말라가시 이웃들은 이들이 스스로의 가치보다 더 많은 골칫거리를 만든다는 판단을 하게 되었다. 해적들의 자의적인 잔혹함 때문이었다.

---

* 이는 사실이 아니다. 우리가 보게 될 것처럼, 그들은 총을 가지고 있었지만 그다지 좋은 총은 아니었다.

그리하여 흑인들은 어느 밤에 이 파괴자들을 단번에 제거하기 위한 음모를 꾸몄다. 해적들은 따로 떨어져서 살고 있었기 때문에, 만약 그들 중 한 명의 아내나 첩이었던 여성이 이것을 알리기 위해 세 시간 동안 거의 20마일을 달리지 않았더라면, 이 일은 아주 쉽게 완수되었을 것이다.[60]

이후 이야기는 순전한 공상으로 흘러가지만, 우리는 저자가 은퇴했거나 투옥된 해적들과의 인터뷰에서 얻은 이야기, 해변이나 강변의 술집에서 엿들은 이야기, 그리고 스스로의 허구적 재구성을 뒤섞어 기록하는 경향이 있다는 것을 알고 있다. 또한 우리는 조직적인 봉기가 실제로 있었고 일부 말라가시인들이 해적들을 지켜주었다는 사실을 알고 있기 때문에, 여기 적힌 내용이 실제 사건에 대한 기억일 수 있다고 본다.

그러한 사건이 실제로 일어났든 아니든, 1697년은 분명 하나의 전환점이었다. 그 이후 나다니엘 노스 같은 신중한 정착 해적들과 자율성을 추구하던 일군의 말라가시 여성들은, 그들이 처음에 휘말려 들어갔던 전투와 경쟁이라는 옛 영웅적 영역과는 다른 무언가를 창조하기 시작했다. 이것을 행동과 가치의 '부상하는 영역emergent sphere'이라고 부르는 것은 과장처럼 보일지도 모르겠다. 아마도 누군가는 해적들이 그저 정치적 영역에서 나와 가정적 영역으로 들어간 것뿐이라고 주장할 것이다. 마다가스카르에서 가정적 영역은 그 자체로 꽤나 다채롭고 모험적인 장소였다면서 말이다. 하지만 나는 이것이 당시 많은 사람들이 실제로 상황을 인식하는 방식이었다는 것을 보여주는 증거가 간접적으로나마 있다고 생각한다.

우리가 가진 증거는 마법—**파나포디** 즉 '약물'의 영역—이 특히 경합적인 영토였음을 보여준다. 이를테면 마이예의 라치밀라호 원고와 전쟁 일반에 대한 여러 기록들이 다른 종류의 의례들에 대해서는 언급하면서도 주술이나 주문 등에 대해 전혀 말하지 않는 것은 정말 놀라운 일이다. 마다가스카르에서 **파나포디**는 전쟁 수행에 있어 매우 중심적인 역할을 했는데도 말이다.

점성술 치료사 옴비아시.

잠시 우리의 프랑스인 여행가 르게벨 드 라콩브에게 돌아가보자. 우리가 마지막으로 그를 만났을 때 그는 안데보란토의 해안 마을에서 지역 수장의 열여섯 살 딸에게 열렬히 환대를 받고 있었다. 여행 중에 그는 유명한 **옴비아시**ombiasy, 즉 점성술 치료사를 초대하여 점성술, 점술, 주술걸기의 기초를 가르쳐달라고 했다.[61]

말라가시인들의 점성술은 아라비아 태음력에 기반을 두었고, 당시에 이것은 여전히 머나먼 나라의 신비한 지식으로 여겨졌다. 가장 유명한 전문가들은 포르도펭 지역 출신의 안테모로와 자피라미니아 사람들이었다(각각 대부분 말라가시화된 동아프리카 수니파와 수마트라의 시아파 신비주의자들로, 둘 다 자신들이 아랍 혈통이라고 주장했다). 특히 안테모로인들은 섬 전역으로 퍼져나갔고, 자기의 기술을 이용해서 왕실의 고관이 되었다. 베치미사라카 영토에는 주로 주문을 쓰기 위해 뽕나무 껍질로 만든 종이를 제작하는 안테모로 시설이 있었고, 이본드로Ivondro 마을 근처에는 자피라미니아 정착촌이 있었던 것으로 보인다.[62] 하지만 [안테모로와 자피라미니아 사람들만이 아니라] 베치미사라카족 사람들 중에도 남성과 여성 점술가 및 치료사들이 존재했다.

라콩브는 자신을 가르친 사람의 출신에 대해 아무것도 말하지 않지만, 그 지역에서 구전되어온 주술 관련 지식이 두 신화적 인물, 거인 다라피피Darafify와 마녀 마하오Mahao를 중심으로 얽혀 있다는 점을 강조한다. 다라피피는 말라가시 민간 설화에서는[63] 친숙한 캐릭터로, 자신이 통치할 만한 신민을 찾아 섬을 오르내리고, 풍경의 다양한 특징들을 창조하며, 때로는 라이벌 거인들과 전투를 벌이는 자비로운 전사이자 통치자, 탐험가의 전형적 예이다. 반면 마하오는 매우 지역적인 인물이다. 라콩브가 말한 것 외에 우리는 그녀에 대해 아는 것이 없지만, 이 둘은 명백히 대척점에 있다. 다라피피는 보호 마법을 쓰는 수호자이고, 마하오는 명백히 사랑의 마법과 주술을 쓰는 수호자이다.

타마타베 마을 뒤편 숲에 모여 있는 세 개의 큰 호수인 로소아베Rosoabe, 라소아마사이Rasoamasay, 노시베Nosibe에 대해 전해지는 이야기들을 통해 우리는 이 대립 양상을 짐작할 수 있다. 앞의 둘은 쌍둥이 호수인데, 이야기에 따르면 그곳에서 논을 일군 다라피피의 두 아내 이름을 딴 것이라고 한다(거인 자신은 그 사이 좁다란 땅을 가축우리로 사용했다). 페랑은 타마타베 출신인 어느 베치미사라카 여성에게 들은 이 짧은 이야기를 기록했다.

로소아베와 라소아마사이는 거인 다라피피의 아내들이었다. 그들은 거인이 논을 일구라고 선사해 준 호수 쪽의 땅에 살았다. 한번은 그들이 남편이 없는 사이에 부정을 저질렀다. 그가 이를 알게 되었고, 돌아와서는 두 아내를 지금 그

들 이름을 가진 호수에 각각 던져 버렸다. 아내들은 호수 밑
바닥에 각자 새로운 마을을 세우고 거기에 소와 노예들을
데리고 살고 있다. 물이 잔잔할 때는 호수 밑바닥에 있는 그
들의 집을 볼 수도 있다고들 한다.[64]

여기서 여성들은 결혼에 불충실한 것에 대한 부적절하
게 폭력적인 반응—이는 실제로 내가 인식하는 한 신화 속에
서 다라피피가 나쁘게 행동하는 유일한 사건이다—으로 인
해 수중의 다른 세계에 유폐되었다. 불충실과 과잉 반응에
대한 비슷하지만 훨씬 더 정교한 또 하나의 이야기는 마하호
를 앞서와 비슷하게 세 번째 호수의 밑바닥에 있는 다른 세
계의 존재로 만든다. 이 이야기들은 명백하게 서로의 거울상
이며 서로 보완하는 한 쌍을 이루고 있다. 다만 두 번째 이야
기에서는 그 함의가 더 명확해진다.

라콩브는 이 호수를 건넜던 것을 기록하면서, 그의 안내
인이 남자들은 끔찍한 운명에 처하고 싶지 않다면 이 호수를
건너는 동안 절대적인 침묵을 지켜야 한다고 경고했던 일을
회상했다.* 이 구절은 그 전체를 인용할 가치가 있다.

그는 이렇게 덧붙였다. "당신은 호수 속에 다른 섬들보다 큰

---

* 르게벨 드 라콩브(*Voyage a Madagascar*, vol. 1, 153)에 따르면, 이 호수는 이제 다라
피피의 적인 불의 거인 소유가 되었다.

섬이 있다는 걸 알아차려야 합니다. 한때 거기에는 사악한 만큼이나 아름다웠던 여인이 살았습니다. 안테모로의 강력한 수장 안드리안차이의 딸인 마하오입니다. 군주는 그녀에게 조상들이 아라비아에서 가져온 신비한 마법을 가르쳤답니다. 인간에게 유용하게 쓰길 바라면서요. 하지만 마하오는 어느 날 그녀의 남편이 젊은 노예의 품에서 잠든 것을 발견하고, 그를 칼로 찔러 죽인 후 모든 남자에 대한 무자비한 증오를 맹세했답니다. 그때부터 그녀는 남자들을 해치는 데 자신의 지식을 이용했지요.

딸의 범죄를 알고 경악한 안드리안차이는 그녀와 함께 범죄에 가담한 여성들을 왕국에서 쫓아냈습니다. 그들이 피난처로 삼은 섬이 바로 우리가 둘러볼 섬이지요.

그곳에 이 나라 주요 수장들의 아들들이 찾아와 그녀의 매력에 찬사를 바쳤습니다. 그녀는 그들의 사랑에 화답하는 척하면서 자신의 궁전으로 데려가 쾌락에 취하게 했습니다. 하지만 그녀가 베푼 호의에는 비싼 대가가 따랐습니다. 사흘 밤낮 사랑의 달콤함을 선사한 후 이 잔인한 여인은 그들에게 주술을 걸었습니다. 곧바로 치명적인 효과가 나타났지요. 어떤 이들은 정신을 차리지 못한 채 호수로 뛰어들었고 다른 이들은 창으로 스스로를 찔렀습니다.

이런 식으로 많은 수장들과 용감한 전사들이 죽었습니다. 베마나나의 모든 아들들을 포함해서요. 가장 어린 아들만

빼고요. 이 막내아들은 신이 여섯 형제의 죽음에 대해 복수하도록 선택한 사람이었죠. 그는 자피라미니아 혈통인 현자 라차라의 조언에 따라 섬을 향해 떠났습니다. 자신의 계략을 더 잘 감추기 위해 그는 기꺼이 마하오가 희생자들을 끌어들이는 쾌락에 자신을 내맡겼습니다. 하지만 그녀가 깊이 잠든 순간을 틈타, 그는 자신을 무적으로 만들어 주는 거인의 이빨을 움켜쥐고 그녀를 여러 차례 찔렀습니다.

하지만 마하오를 영靈의 차원으로 끌어올려 준 또 다른 부적 덕분에 그녀는 죽은 뒤에도 사람들을 해칠 힘을 갖게 되었습니다.

그녀는 여전히 호수 밑바닥에 있습니다. 남자의 목소리를 듣는 것만으로도 그녀의 오랜 증오를 깨울 수 있습니다. 그러니 우리 너무 많이 말하지 맙시다. 계속 말을 하다가는 그녀가 사는 동굴로 끌려갈 수 있으니까요.”[65]

여기서 말하는 '거인의 이빨'이 다라피피의 이빨인지는 확실치 않지만, 두 이야기 사이의 평행성을 감안하면, 충분히 그런 암시를 얻을 수 있다고 생각한다.

마하호의 이야기는 이번 절에서 드러난 거의 모든 주제를 아우르고 있다. 안테모로와 자피라미니아 같은 내부의 외부자 집단의 신비한 지식(이 시점에 이르면 자피 이브라힘은 이제 이야기에서 사라진 상태다), 여성들의 성적인 반란, 사랑의 마법이 가진 힘과 보복을 위한 그것의 사용(그녀의 매력charms에 빠져들었다는 말은 문자 그대로 그녀의 주술charms에 빠져들었다는 것을 암시한다), 그 힘과 남성 전사 계급('나라의 주요 수장들의 아들들' '수장들과 용감한 전사들…')의 대결—그리고 적어도 이야기 속에서 벌어진 전사들의 최종적 대응과 승리. 하지만 이들의 승리는 모호하다. 마하오는 죽었지만 격퇴된 것은 아니다. 그녀는 여전히 수면 아래 있고 그녀의 힘도 꺾이지 않았다. 거대 회합을 지배하는 연설을 하는 남성 전사들조차 그녀 위를 건너갈 때는 침묵을 지켜야만 한다. 그리고 두 주인공, 다라피피와 마하오는 마법 실천의 논리 자체 안에서 영구적으로 정지된 대립 상태로 유폐되어 있다.

3장

가장 멀리 나아간 민주주의 실험

해적
계몽주의

원형적-계몽주의
정치 실험

이제 우리는 드디어 라치밀라호의 이야기로 돌아가서 이것을 적절한 맥락 안에서 살펴볼 수 있는 지점에 이르렀다.

앞서 언급했듯이 베치미사라카 연합을 창설한 거대한 정치적 결집을 만들어낸 것은 해적의 아들들이 아니었다. 그들 대부분은 당시 아이들이었다. 이 연합은 어떤 직접적인 의미에서도 해적들 자신이 만든 것도 아니었다. 해적들은 분명 항구 도시들에 살면서 당시 벌어지는 일들을 지켜보고 있었고 그 결과에 관심을 가질 수밖에 없기는 했다. 하지만 마예르의 말을 믿는다면 그들은 방관자적인 입장에 머물렀다.*
라치밀라호 본인을 제외한 주요 행위자는 해적과 해적의 여성 동맹자들이 만들어낸 항구 도시들의 접근권을 두고 다투던 말라가시 **음판자카**들과 그 아들들이었던 것으로 보인다.

이러한 결집은 어느 정도는 전통적인 남성적 가치—군사적 역량, 공개 집회에서의 연설 기술, 제례를 통한 조상신의 창조—의 단순한 재확립이었다. 해적들로부터 그리고 외국에서 유래한 정치적 모델들과 원칙들을 해안 지역의 기존 정치적 전통과 융합시킴으로써 기존의 것들과는 거의 닮지 않은 무언가를 만들어냈다는 점에서 어느 정도는 정치 실험이기도 했다.

내가 이를 원형적-계몽주의 정치 실험이라고 표현하는 것은 물론 의도적인 도발이다. 하지만 나는 이러한 도발이 필요하다고 생각한다. 말라가시어 사용자들이 수행한 의식적인 정치 실험은, 만약 그것이 실제로 일어났다면 현재의 역사 서술로는 분석하기 어려운, 아니 인정하기조차 쉽지 않은 종류의 역사적 현상이기 때문이다.

1977년에 발표한 베치미사라카 연합에 관한 논문에서 로베르 카바네는 이 연합을 '무역 체계'의 침입으로부터 '혈통 체계'의 재생산 방식을 보존하기 위한 수단이라고 파악한다. 이는 광범위하게 퍼져있던 마르크스주의 분석 경향의 절정을 보여주는 것이라 할 수 있다.[1] 다른 많은 탈식민지 사회

---

* 비알루셰프스키("Pirates, Slaves, and the Indigenous Population in Madagascar," 423) 또한 구체적 출처가 알려지지 않은 '구전'을 인용하는데, 이에 따르면 해적들은 단지 베치미사라카를 지원했을 뿐, 그들을 대신해 직접 전투에 참여하지는 않았다.

들에서처럼 카바네의 논문이 발표된 시점은 마다가스카르가 국가사회주의를 실험하던 시기와 맞물렸다. 그 이후로 더 거대한 차원에서 정치적 상황이 변했고, 역사적 분석의 초점과 용어들도 변화했다. '세계화' 시대, 그리고 점점 더 한정된 수의 경제 엘리트들의 이익을 전 지구적 '시장'의 이름으로 육성하는 범지구적 관료제의 출현과 함께 새로운 역사 서술 양식이 부상했다. 이 역사 서술 양식은 우선 국제 무역에, 다음으로는 역사의 주요한—심지어는 유일한—행위자로서의 '지역 엘리트들'에 초점을 맞춘다.

　마다가스카르에 대해서는 이런 식의 초점에서 벗어난 탁월한 역사 연구들이 분명히 있었지만,[2] 해적들에 관해 쓴 사람들은[3] 대부분 이러한 모델을 따른다. 외국 상인들은 지역 엘리트들과 동맹을 맺거나 갈등을 일으킨다. 여기서 '엘리트들'은 모든 중요한 측면에서 동일하다고 간주된다. 기껏해야 '정치 엘리트'와 '주술-종교 전문가들'로 나뉠 뿐이다. 기본적으로는 깔려 있는 전제는 항상 엘리트들이 존재해야 하며, 이들은 주로 부와 권력을 축적하는 일에 종사한다는 것이다. 그들 사이에 차이가 있다면, 그건 대개 그들이 그때까지 얼마나 많은 권력과 부를 축적하는 데 성공했느냐에 달려 있을 뿐이다. 이 모든 과정에서 대중운동이나 ('서구적인' 것들을 제외한) 지적 흐름들—우주관, 가치, 의미들—은 대체로 지워진다. 대중운동은 완전히 지워지고, 지적 흐름은 기껏해야 화려한 의상처럼 등장할 뿐이다. 그것은 아무리 멋져 보일지라도, 강박적으로 똑같은 연극만을 반복하도록 저주받은 배우들을 위한 의상이다.*

한 현대 역사가는 베치미사라카 연합을 탄생시킨 전쟁들의 중요성을 다음과 같이 요약한다.

전쟁으로 상당한 수의 포로가 발생했음에도 불구하고, 베치미사라카는 전쟁이 끝난 훨씬 이후까지도 노예 수출로부터 이익을 얻지 못했다. 1724년 이전 동부 해안의 항구들에는 노예선의 방문이 거의 없었으므로 이들은 사실상 식민지 시장과 단절되어 있었다. 세기의 전환기에 해적들과 마주쳐 여러 무역선을 잃은 노예상인들은 이후 수년간 이 지역을 피했다. … 18세기 전반기 동안 동부 해안의 사람들 대부분은 계속해서 대체로 자율적인 마을에 살았다. 고고학적 조사 결과를 보면 도기 제조 관습도 별로 변하지 않았고, 무역이나 사회적 분화, 또는 정착지 계급구조의 발전을 보여주는 증거도 거의 없다. 이러한 사실들은 지배적인 정

---

* 따라서 놀랍게도, 안테모로의 카스트 제도에 대한 방대한 문헌들 중 거의 대부분이 이 카스트 제도가 19세기에 민중 혁명에 의해 결국 전복되었다는 사실을 언급하지 않는다. 마찬가지로 카라용이 "타니베 혁명revolution of Tanibe"(*Histoire de l'Establissement Francais*, 15-16)이라고 부른 자나-말라타에 대한 민중 봉기는 이 지역의 역사나 자나-말라타에 대한 기록에서조차 언급되지 않는다!

치체가 점진적인 구조적 변화가 아니라 단일한 카리스마적 개인에 의해 수립되었다는 것을 재확인시켜주지만, 라치밀라호는 결코 사칼라바족에서 행해졌던 것과 같은 신성하고 절대적인 왕권을 상정하지 않았다. 베치미사라카는 본질적으로 통일된 왕국이라기보다는 강력한 **필로하니**filohany들이 이끄는 독립적인 공동체들의 연합체로 남았다.[4]

마예르는 라치밀라호가 가능한 많은 전쟁 포로들이 그들의 가족에게 돌아갈 수 있도록 마음을 썼다고 말하고 있지만, 여기에는 암묵적인—사실은 전혀 암묵적이지도 않은—가정이 있다. 그것은 인간을 노예로 팔아서 바다 건너의 비참한 삶과 죽음으로 내몰 수 있는 위치에 있는 사람이라면, 게다가 그렇게 함으로써 더 좋은 도자기를 얻을 수만 있다면 누구든 기꺼이 그런 짓을 할 것이라는 가정이다. 하지만 다른 대부분 사람들이 그렇듯이 저자 역시도 자신이 선택할 수만 있다면, 구성원들이 노예로 팔려가지 않고, 한 개인이 지배하는 사회에서는 살고 싶지 않을 것이라고 가정해야 한다. [마예르가 하는] 이런 식의 말은—겉보기엔 중립적일지언정—사실상 공개회의를 통해 노예상인들을 물리치면서도 여전히 분권화되고 참여적인 자치 체계를 유지할 방법을 찾아낸 인간 집단을 관찰하면서, 이를 위대한 역사적 성취로 보지 **않는** 거의 유일한 방식이다.

나는 이것이 실제로 위대한 역사적 성취였다는 입장에
서 이야기를 진전시키겠다. 또한 베치미사라카 연합을 만든
사람들은—이는 한 사람의 독창적인 생각이 아니었다—마
다가스카르뿐만 아니라 유럽과 인도양 전역의 다양한 정치
적 가능성에 대한 지식을 가진 성숙하고 사려 깊은 성인들이
었다는 입장에서 시작하려 한다. 또한 그들은 해적선과 해적
공동체들과 정기적으로 거래했기 때문에 이들의 조직방식에
특히 해박했을 것이라고 가정하는 편이 합리적이다. 지금부
터 나는 이러한 관점에서 기존의 증거들을 (다시) 읽어내고
자 한다.

이 작업은 약간 어려운데, 마예르의 기록이 베치미사라
카 연합이 한 개인의 독창적 발상이었다는 가정 위에 서술
되고 있기 때문이다. 기본적으로 이는 칭송으로 가득 찬 전
기이다. 주인공의 모범적인 도덕성과 개인적 자질을 음미하
는 내용이 거의 모든 장에서 여러 단락에 걸쳐 나온다. 때로
는 그의 자질을 적수인 치코아의 왕 라망가노와 대조하고 때
로는 그냥 주구장창 찬양만을 늘어놓는다. 다른 등장인물들
은 대개 이야기의 전개를 돕거나, 혹은 흥미로운 방식으로 죽
었기 때문에만 존재한다. 그래서 전체 이야기는 주로 곁가지
와 암시를 통해 추론해야 한다.

그럼에도 불구하고, 나는 추론이 가능하다고 생각한다.
마예르는 라치밀라호의 옛 전우들의 기억에 의존했는데, 이

는 이들이 60대, 70대에 이르러 회상한 것이었다. 이야기의 어떤 부분들(전투, 계책, 연설, 동맹 의식)은 놀랄 만큼 상세하게 기술되어 있는 반면 다른 부분들은 확연히 축소되거나 생략되어 있다. 결과적으로 이는 전형적인 영웅 서사를 만든다. 18세기 동부 해안에 이런 장르가 존재했다는 사실 자체가 꽤 중요하긴 하지만, 서술된 사건들의 전체 의미를 이해하기 위해서는 한두 세대 후에 이야기할 만한 가치가 있다고 여겨진 것을 넘어서야만 한다. 그리고 각각의 조각들을 비스듬히 돌려서, 말해지지 않은 것들의 맥락 속에서 살펴봐야 한다.

1690년대
초기 상황

1712년경까지, 해적들은 대부분 생트마리를 떠나 해안가에 모여 있었다. 일부는 안톤길의 거대한 만에, 일부는 생트마리 바로 맞은편인 탱탱그Tintingue에 정착한 것으로 보이지만, 가장 큰 정착지는 이후 페네리베(페노아리보)와 풀포인테로 알려지게 될 도시들이었다.*[5] 후자가 당시 암보나볼라로 불렸다는 점을 상기할 필요가 있다. 이곳은 해적들이 도착하기 전부터 외국 선박에 쌀과 소를 공급하는 중계 무역항이었고, 당시엔 육지에서 해적식 통치를 시도해보려 하는 나

---

* "그들이 마다가스카르 북부와 북동부에 자주 드나든 덕분에 타마타베, 풀포인테, 테네리프[페네리베], 생트마리, 안톤길만, 마나나라, 볼드리지 곶의 정착지들이 생겨났다. 안톤길만의 마로트섬, 나반만, 베린구트르만에서는 아직도 해안가 바위에 박힌 쇠고리들을 볼 수 있다. 이는 그들이 배를 기울여 놓고 수리할 때 배를 묶어두던 곳이었다."(Mayeur, "Histoire de Ratsimilaho," 191)

다니엘 노스의 실험적 공동체가 자리 잡고 있었다.

마예르에 따르면, 북동부의 모든 항구—페네리베, 풀포인테, 타마타베—는 치코아라는 남부 군사 연합의 통제하에 있었다. 치코아는 후에 베치미사라카 영토가 될 중부 3분의 1에 해당하는 지역에 조상 대대로 땅을 가지고 있던 다섯 개 씨족으로 구성되어 있었다. '북쪽 사람들'(안타바라트라 Antavaratra)이나 '남쪽 사람들'(안타치모Antatsimo)과 달리 치코아는 '왕, 모든 씨족의 우두머리들보다 높은 수장, 전제군주, 신민들의 재산과 생명의 절대적 주인' 밑에서 살았다.[6] 이 왕은 라망가노('자신의 뜻대로 하는 자')라는 적절한 이름을 가지고 있었다. 마예르의 설명에 의하면, 치코아 조상의 영토에는 항구가 없었기 때문에 그들은 결국 북쪽 이웃들을 공격했고 손쉽게 북동부 전체를 장악했다. 마예르에 따르면, 그 결과는 그저 북쪽 사람들에 대한 폭정이었다.

그들의 어린 딸들은 끌려가 해안을 드나들던 유럽 선박에 팔렸고, 아주 작은 불평조차 노예가 되거나 죽는 것으로 처벌받았다. 조상들의 무덤은 훼손당했다. 유럽인과의 교역에 필요한 물품들은 아무 보상 없이 강제로 빼앗겼다. 남자, 여자, 아이들 모두가 해안가에서 내륙으로의 물품 운송에 동원되는 바람에 마을 전체가 방치되었다. 북부 해안 어디서건 선박이 도착하면, 그것은 주민들에게 도주 신호가 되었다. 설령 그들이 돌아온다 해도 그것은 약속된 혜택을 받기 위해 필요한 의무를 다하기 위해서가 아니라 농작물이 황폐화되고 마을이 불타 없어질까 두려웠기 때문이다.

치코아는 정복한 땅에 지배의 본거지를 세웠다. 그들은 수도를 보히마시나로 정하고 이곳을 극도로 강력하게 만들었다. 보히마시나는 페네리베에서 가까운, 같은 이름을 가진 산에 위치한 마을이었다. 바로 거기서 치코아의 폭군은 수많은 부족에게 자신의 법을 강요했고, 부족들은 자신들의 힘을 모른 채 정복자의 굴레 아래 서글피 고개를 숙였다.[7]

마예르의 서술은 혼란스럽다. 그는 때로는 노예무역의 일상적인 약탈을 묘사하는 것처럼 보이고, 때로는 해안 전체를 지배하려 한 제국의 출현을 이야기하는 것 같다.

과거에는 지배 씨족조차 없었던 나라에 갑자기 절대 왕정 같은 것이 등장했다는 식의 전개는 상상하기 어렵다. 다른 기록에서 치코아는 '일종의 공화국'으로 언급된다.[8] 라망가노는 그 이름과 달리 전통적인 씨족 연합에 등장한 특별히 유능한 전쟁 지도자에 불과했다는 카바네의 주장이[9] 아마도 맞을 것이다. 마예르는 치코아가 16세기에 출현했을 거라고 주장하는데, 결정적으로 어떤 한 대목에서[10] 그들이 1650년대 동부 해안에 세워진 유럽 전초기지들의 학살에 책임이 있다고 여겨졌다는 점을 무심코 언급한다. 이 모든 것을 종합해볼 때, 치코아는 원래 이 다섯 씨족들이 해안을 방어하기 위해 형성한 군사 동맹이었다고 결론짓는 것이 합리적이다. 이 동맹은 아마도 처음에는 비상 상황에만 존재했을 것이다.

그런데 해적들이 도착하면서 동맹의 성격이 바뀌기 시작한다. 동맹은 그때부터 더 상업적인 역할을 맡기 시작했다. 아베 로숑은 라치밀라호 시대가 한참 지난 후에 치코아 장로들과 이야기를 나눴는데, 매우 다른 버전의 이야기를 듣는다. 그들의 주장에 의하면, 치코아는 단지 그 지역에서 '가장 경제적이고 용감한' 사람들이었고, 그들은

> 유용하고 편리하다고 생각한 여러 교역품을 얻기 위해 자신들의 땅을 떠나 해적들의 거주지로 대거 몰려들었다. 그들은 특히 아름다운 인도 직물, 마술리파트남 손수건, 모슬린 천 및 크고 작은 귀중품들을 원했다. 안타바라트라와 마니볼로라는 이름으로 알려진 해안 지역 주민들은 그들[치코아족]의 존재를 진심으로 기쁘게 여겼다. 주민들은 항해에 필요한 보급품인 가축과 모든 종류의 식량 거래에 조금이라도 문제를 일으킨다면, 해적들에 대한 환대와 애정의 의무를 저버리는 것이라고 믿었다.[11]

1690년대 이후 새로 형성된 항구 도시들로 몰려든 것은 여성 상인들만이 아니었다. 남자들도 있었다. 예를 들어 선

박에 보급품을 운반하기 위해 짐꾼이나 가축 몰이꾼 같은 많은 인력이 필요했을 것이며, 이는 전통적으로 남성의 일이었다. 아마도 거리상의 불이익 때문에 치코아는 그 지역의 수송대와 시설들을 보호하기 위해 자신의 기존 군사 조직에 의존했을 것이다. 그 조직이 지역 분쟁에 휘말리는 건 불가피했다. 노예상인들이 의도적으로 문제를 일으키려 하지 않았더라도, 남성다움이 소 약탈 문화와 결부된 사회에서 그토록 집중된 부의 존재는 필연적으로 불안을 초래했을 것이다.

마예르는 다른 곳에서 "끊임없는 다툼, 창고 약탈, 마을 방화, 가축 약탈, 농작물 파괴, 노예화, 비참함, 그리고 이로 인해 생겨나는 모든 증오와 복수의 재앙"[12]에 대해 묘사한다.

나다니엘 노스 삽화.

존슨이 쓴 나다니엘 노스의 역사[13] 또한 암보나볼라의 해적 정착지가 항상 이러한 분쟁에 휘말릴 위기에 처해 있었다고 설명한다. 모리셔스와 레위니옹의 급성장하는 플랜테이션 경제에 노예를 공급하기 위해 외국 노예상인들이 다시 대거 등장하기 시작했을 때, 그들이 그 지역에 외부적인 군사 조직과 동맹을 맺은 것은 당연한 선택이었을 것이다. 얼마 지나지 않아서 상주하는 치코아 전쟁 지도자가 생겼고, 최소한 두 개의 상설 주둔지가 만들어졌다. 하나는 암보나 볼라/풀포인테 바로 옆에 세워진 목책으로 둘러싸인 막사였고, 다른 하나는 페네리베에서 내륙으로 몇 리그 떨어진 산 꼭대기 요새인 치코아의 '수도' 보히마시나였다.

치코아가 공물을 징수했다는 증거는 없다. 그들은 단순히 항구를 드나드는 모든 물품의 일부를 취했고, 노예상인들이 요구할 때 습격을 수행했다. 이는 항구를 장악하고 있던 해적들과 어떤 합의를 유지했다는 것을 의미할 것이다. 하지만 앞서 언급했듯이, 해적 정착민들은 1697년 이후로 노예무역에 점점 적대적으로 되었다. 그들이 현지 사회에 더 깊이 얽힐수록, 그들은 이런 종류의 자의적인 폭력에 대해 그들의 말라가시 가족과 같은 방식으로 경험하고 판단했을 것이다. 마예르는 치코아가 외국인의 실제 자녀를 징수 대상에서 제외하기 위해 마음을 쓰고 그들이 자유롭게 항구를 출입하게 했다고 기록하지만, 이것은 분명 충분치 않았다. 모든 자료는 반란이 일어났을 때 해적들이 이를 지지했다는 데 동의한다.

이 시점에서 라치밀라호가 등장한다.

모든 자료는 라치밀라호의 아버지가 타모 또는 '톰'으로 알려진 영국인 해적이었고, 그의 어머니는 자핀드라미소아 씨족 족장의 딸인 라헤나였다고 말한다. 이 씨족은 여전히 페네리베 인근에 존재하고 있다.[14] 하지만 이후의 내용에 대해 자료들의 의견은 선명히 나뉜다. 해안가에 몇 년간 거주했던 프랑스 장교 루이 카라용Louis Carayon에 의하면,[15] 라치밀라호의 부모는 생트마리에서 만났지만, 아버지는 그가 태어나기도 전에 해적 토벌 원정대를 피해 도망가다가 죽었다. 임신한 미망인은 무기와 보물로 가득한 창고를 물려받았는데, 그것을 치코아와 싸우기 위해 들고 일어난 수장들의 연합에 전부 넘겨주는 대가로 자신의 아이를 왕으로 세울 것을 요구했다. 이 이야기는 베치미사라카 연합의 등장이 라치밀라호와 전혀 관계가 없을 수 있음을 시사하기 때문에 주목할 만하지만, 여러 가지 이유로 아귀가 맞지 않는다.*

일반적으로 받아들여지는 이야기는 마예르의 기록이다. 그에 따르면,[16] 라치밀라호의 아버지인 톰은 어떻게든 지위를 회복했고, 청소년기의 아들을 몇몇 말라가시 또래들과 함께 런던으로 데려가 교육시키는 이례적인 행보를 취한다. 하지만 몇 달 후 그의 아들이 향수병에 걸려 돌아가기를 요구했다. 그의 아버지는 그에게 많은 총과 보물을 주고 스스로 운명을 개척하도록 했다. 이 설명도 몇 가지 의문점을 남긴다. 라치밀라호의 아버지는 정확히 어떻게 고향으로 돌아갈 수 있었으며, 어떻게 그의 재산을 자녀 교육을 시킬 수 있을

---

* 우선 하나만 꼽자면, 통상적으로 알려진 전쟁 연도가 잘못된 것이 아니라면 이는 라치밀라호가 1712년경에 태어났고 1730년에 겨우 18세였다는 의미가 된다. 그러나 여러 유럽 자료에는 1718년부터 그의 존재가 언급되고 있다.

만한 충분한 사회적 지위로 전환할 수 있었을까?* 그것은 어떤 종류의 교육이었을까? 그는 마예르가 암시하듯이 영국에 남았을까, 아니면 계속해서 사건들에서 적극적인 역할을 수행했을까? 그리고 [함께 런던으로 갔던] 말라가시인 동행자들은 누구였을까? 마예르는 이전 왕의 런던 여행에 동행했던 두 노인으로부터 이 정보를 얻었다고 주장하지만, 그들이

---

* 라치밀라호의 아버지가 누구인지에 대해서는 다양한 추측이 있었다. 마예르는 그가 1694년 헨리 에이버리의 원정에 참여했던 뉴욕 기반의 유명한 해적인 '톰 튜'라고 생각했다. 하지만 이는 매우 가능성이 낮은데, 현존하는 모든 자료가 잘못된 것이 아니라면, 튜는 **강이사와이호** 공격에서 사망했고 결코 생트마리로 돌아오지 못했기 때문이다. 게다가 그는 영국이 아닌 [미국] 로드아일랜드 출신이었다. 위베르 데샹(*Les pirates à Madagascar*, 199)은 라치밀라호의 아버지가 토마스 화이트였을 것이라는 더 그럴듯한 추측을 제시한다. 하지만 이 추측이 맞으려면 통용되는 연대기에 매우 큰 문제가 있어야 한다. 라치밀라호는 1694년에 태어난 것으로 추정되는데, 화이트는 1704년에야 마다가스카르에 나타났고 5년 후에는 과음으로 사망했다고 전해지기 때문이다. 추측해야 한다면, 나는 나다니엘 노스를 제안하겠다. 그는 암보나볼라에 근거지를 두었고, 자신의 말라가시 자녀들에게 유럽식 교육을 하려 노력했다고 전해진다. 비록 런던이 아닌 모리셔스에서였지만 말이다(Johnson, *A General History of the Pyrates*, 555). 해적들은 흔히 여러 이름으로 불렸고, 노스가 '타모'로 알려졌을 가능성도 충분히 있다. 하지만 연대기는 여전히 문제가 된다. 내 생각에 이 모든 추측에서 진짜 문제는 라치밀라호의 아버지가 유명한 선장이었을 것이라고 가정한다는 점이다. 아마도 평범한 선원은 자신의 자녀를 교육하는데 관심이 없었을 것이라거나, 그렇게나 많은 전리품을 가지고 있을 리가 없다고 생각하기 때문이다. 하지만 해적의 전리품은 평등하게 분배되었고, 선원들이 문맹이 아닌 사람을 선장으로 뽑을 가능성이 더 크기는 했지만, 다른 배에서는 당연했던 장교와 선원들 사이의 명확한 계급 구분은 없었다. 상식적으로 생각해봐도 유명한 무법자가 아닌 해적이 더 쉽게 체포되지 않고 영국으로 돌아갈 수 있었을 것이다. 라치밀라호의 아버지는 1716년 모리셔스 총독이 제안한 (꽤 많은) 현금을 지불하는 대가로 주어지는 사면을 받아들인 사람들 중 하나였을 수도 있다. 사면을 받은 사람들이 있었고, 이들은 법적으로 자유롭게 여행할 수 있었을 것이다(Carter, "Pirates and Settlers," 59–60).

누구였으며 이후에 어떤 역할을 했는지에 대한 정보는 없다.

　나는 이러한 질문들이 유용하다고 생각한다. 모든 증거가 라치밀라호나 미래의 말라타에 국한되지 않는 크레올화된* 해적 문화의 존재를 시사하기 때문이다. 해적들은 1710년대와 20년대 내내 인도양 전역에서 무역과 약탈을 지속했다. 한 자료에 따르면,[17] 라치밀라호 자신도 봄베이와 말라바르 해안의 다른 지역들을 포함한 '수많은 항해'를 했다. 앞서 보았듯이, 그는 당시 해적 출신 고문들로 가득했던 사칼라바 왕실에서 견습 생활을 한 것으로 보인다.[18] 훗날 그는 신용수단에 대한 지식을 활용해 외국 상인들과 자기 왕국의 무역을 조직했다.[19] 이는 그만의 특별한 경험이 아니었으며, 해적 자녀들에게만 국한된 것도 아니었다고 결론 짓는 것이 합리적일 듯하다.

　실제로 마예르의 서술에서도 어떤 말라타도 적극적인 역할을 하지 않는다. 라치밀라호의 가장 가까운 동맹자들과 연합자들은 모두 그처럼 해적과 해적의 방식에 어느 정도 노출되었지만, 순수한 말라가시 혈통을 가진 젊은이들이었다. 그들의 이름은 드물지만, 간헐적으로 텍스트에 등장한다. 함

---

* 크레올은 본래 식민지에서 태어난 유럽인 자손을 부르는 말에서 비롯된 것으로, 유럽계와 현지인의 혼혈, 혹은 서로 의사소통되지 않는 사람들 사이에서 일관성 없이 형성된 임시변통적 언어나 서로 다른 문화 사이에서 생긴 혼종적 문화 등을 폭넓게 지칭한다.—옮긴이

께 영국에 갔던 두 명의 익명의 동행자들,[20] 그의 외사촌 안드리암볼라와, 그가 처음으로 암보나볼라를 떠날 때 동행했던 가까운 친구들의 작은 무리,[21] 그의 '가장 가까운 친구'이자 전쟁 막바지에는 부관을 맡았던 치엥갈리[22] 같은 이들이다.

이들 동료 중 일부가 반세기 후 마예르의 정보제공자가 되었는데, 그들이 이야기를 전하면서 사건에서 자신들의 역할을 축소했다고 해도 전혀 놀랍지 않다. 말라가시 원로들은 대체로 자신을 내세우지 않는 태도를 보이기 때문이다. 그들의 겸손함은 결과적으로 모든 것을 라치밀라호라는 한 인물에게 집중시키려는 마예르의 경향을 강화했을 것이다. 라치밀라호는 스스로의 천재성에 기반하여 베치미사라카라는 나라를 창설한 계몽 군주이자 입법자로 묘사될 수 있었다.

이러한 서술이 연합 창설이 어떤 의미에서는 원형적-계몽주의 실험이었다는 것을 부정하는 것은 아니다. 다만 모든 것이 단 한 명의 카리스마 넘치는 설립자이자 절대 군주에게 귀결된다는 생각은 본질적으로 일종의 속임수였다. 해적선에서 대부분의 결정이 다수결로 이루어졌음에도 불구하고 외부인들을 위압하기 위해서는 전능하고 피에 굶주린 선장들의 평판을 만들어내는 것이 편리했던 것처럼, 연합 설립자들은 특히 외부인들을 상대할 때 전능한 왕이 있다는 명분을 유지하는 것이 유용하다는 것을 알고 있었다. 수많은 호화로운 전리품들 덕분에 내부 노동 체제를 대대적으로 재편

성하지 않고도, 왕실처럼 보이는 것을 쉽게 만들어낼 수 있었다.

따라서 연합은 한 사람의 창조물도, 말라타의 집단적 창조물도 아니었다. 연합을 구상하고 만드는데 주도적 역할을 한 것으로 보이는 젊은이들이 해적선과 해적의 조직 형태를 자신의 모델 중 하나로 삼았다면 이 또한 전혀 놀라운 일이 아니다. 결국 이것은 그들이 직접 경험했을 가능성이 가장 큰 외국의 조직 형태였기 때문이다. 존슨의 기록이 분명히 보여주듯이, 나다니엘 노스를 암보나볼라 해적들의 '선장'으로 선출할 때 해적들은 실제 의식적으로 자신들의 배의 조직을 육지로 옮겼다. 존슨이 주장하듯이, 말라가시 이웃들에게

'파티드라'는 혈연 관계는 없지만, 우호 관계를 형제 관계로 발전시키고자 하는 두 사람 사이에서 이루어지는 마다가스카르의 의식이다.

좋은 통치 모델이라는 인상을 남길 수 있도록 의식적으로 고안된 방식으로 말이다. 유럽이나 인도를 여행했던 사람들조차 대부분 해적들의 동행으로서 여행했을 가능성이 크다.

마지막으로, 역사학자인 케빈 맥도널드Kevin McDonald가 "카리브해 해적들의 의식과 의례를 해안 말라가시 사람들의 관습 및 문화와 결합한 혼종 문화"[23]라고 설명하는 맥락에서 어느 정도의 정치적 종합이 있었으리라는 점은 당연히 예상할 수 있다. 이는 쇠고기를 건조하는 방식, 의례적인 건배 문화, 혹은 (해적들의 마틀로타지matelotage*와 말라가시의 파티드라fatidra**처럼) 혈맹을 맺는 관행에서 분명히 드러난다. 그러므로 다음 절에서는 이러한 관점에서 마예르의 원고를 재검토할 것이다. 불행히도 우리는 라치밀라호의 동료들이 어떤 숙의 과정을 통해 그들의 계획을 구상했는지는 알 수 없다. 하지만 그들이 그 계획을 실현시킨 의례적 형식들에 대해서는 얼마간 알고 있는데, 이는 대중의 기억 속에 그것들이 꼼꼼히 보존되어 왔기 때문이다.

---

* 마틀로타지는 해적들 사이의 제도로, 재산을 공유하고 서로를 상속인으로 지정하는 동반자 관계를 가리킨다. 주로 경제적 관계였지만, 로맨틱하거나 성적인 관계인 경우도 있었다.—옮긴이
** 파티드라는 피를 나눠 마시며 맺는 전통적인 혈맹을 뜻한다.—옮긴이

최초의
도전

마예르의 이야기는 이렇게 시작한다.

1712년, 당시 18세였던 라치밀라호는 영국 여행을 중단하고 풀포인테(암보나볼라)로 돌아온 후, 일종의 극적인 제스처, 즉 '**눈부신 업적**coup d'ecla'을 만드는 것만이 치코아에 맞서 안타바라트라를 결집시킬 유일한 방법이라고 결심했다. 그는 사촌 안드리암볼라를 치코아의 수도로 보내면서, 쌀을 가득 담은 소뿔을 가지고, 그러면서도 동시에 전통적인 전쟁 참여 표시인 흰색 펠라나felana 즉 배지를 이마에 붙이도록 했다.*

---

* 전투 중에 각 진영은 아군과 적군을 구별하기 위해 서로 다른 색의 배지를 이마에 붙였다. 이어진 충돌에서 라치밀라호의 병사들은 흰색 펠라나를, 라망가노의 병사들은 파란색 펠라나를 붙였다.

왕의 번영을 기원하는 소뿔을 바치면서, 안드리암볼라는 왕에게 말했다. 라치밀라호가 조상들에게 들은 바에 의하면, 치코아의 전쟁 수장인 라망가노는 북부의 영토에 어떤 권리도 없다고, 그러니 라망가노가 평화롭게 지내고 싶다면 자신의 나라로 돌아가야 한다고 말이다. 단, 치코아의 백성들이 외국 무역에서 완전히 단절되지 않도록 가장 남쪽 항구인 타마타베에 대한 통제권 유지는 기꺼이 허락하겠다는 말도 덧붙였다. 라망가노는 당연히 경멸적으로 응대했다. 그는 뿔을 거부했고 그에 상응하는 제스처도 거부했으며, 대신 '화약과 머스킷 총알'을 받고 싶지 않으면 즉시 풀포인테를 떠나라고 충고했다.

라치밀라호는 몇몇 동료들과 함께 돈과 무기를 챙겨 생트마리로 도망쳤다.

이 최초의 주고받기에 대해 이전 해석자들이 간과해온 몇몇 측면들을 강조해야만 한다. 기록은 주인공의 아버지가 아들을 런던에서 암보나볼라/풀포인테로 돌려보냈다고 말하지만, 어떤 지위나 자격으로 돌려보냈는지는 암시조차 하지 않는다. 그가 반란을 일으키기 위해 현지 말라타와 수장들의 관심을 얻으려 했지만 헛수고였다고 말할 뿐이다. 하지만 라망가노가 그의 특사를 통해 메시지를 보낼 때, 라망가노는 라치밀라호를 단순한 거주자 이상의 존재로 지칭한다.

나는 라치밀라호에게 탄드로카Tandroka[[뿔]]도 바리Vary[[쌀]]도 주지 않을 것이다. 때가 되면 펠라나*를 소집할 것이다. 그에게 말하라. 라망가노는 마노로Manoro에서 앙곤치Angontsy에 이르는 영토의 수많은 사람들을 통치한다. 만약 그[라망가노]**가 너로 하여금 풀포인테에 정착하는 것을 허락했다면, 그것은 오직 네 아버지가 그에게 했던 봉사를 고려했기 때문이다. 하지만 그는 이 나라의 통치자로서 네가 그에게 바쳐야 할 복종을 결코 부인한 적이 없다. 그는 네가 공적 있는 백인의 아들이라는 것을 알지만, 그런 자질로도 외국인이라는 사실을 극복할 수는 없다. 네 어머니는 평범한 2등급 수장의 딸이었고, 너는 권위의 몫에 대한 어떤 권리도 없다. 하지만 네가 외국인이라는 신분과 신하로서의 의무를 잊었기에, 라망가노는 너에게 풀포인테를 버리고 다른 곳에 자리 잡을 것을 명한다. 너는 곧 네 무례함에 대한 벌을 받게 될 테니, 네 조상의 영혼에게 기도나 올려라.[24]

라치밀라호가 단순히 아버지의 집에서 계속 살기 위해 허가를 필요로 했을 것 같지는 않다. 이 구절에 의하면 라치

---

* 앞에서 설명한 전쟁 참여 표식으로, '펠라나를 소집한다'는 것은 전쟁을 개시한다는 의미이다.—옮긴이
** 통치자인 라망가노가 자신을 '그'라는 3인칭으로 부르는 것이 이상할 수 있으나, 유럽의 군주들은 자신을 지칭할 때 1인칭 복수형(Royal We이라고 부른다)이나 3인칭 단수로 지칭하곤 했다.—옮긴이

밀라호가 그 마을의 단순한 거주자가 아니었다고 보는 것이 사리에 맞다. 나다니엘 노스의 죽음 후 몇 년도 되지 않은 당시* 마을에는 여전히 현역이거나 은퇴한 해적들, 그들의 아내와 미망인들, 말라가시 친족들, 상인들, 추종자들이 가득했을 것이며 라치밀라호는 그들에게 어떤 종류의 공식적 지위를 인정받고 있었을 것이다. 그의 아버지는 치코아의 동맹자였으며, 따라서 그의 아들은 어린 나이에도 불구하고 항구에서 어떤 공식적인 역할을 하는 것을 허락받았을 것이다. 아마도 그의 문해력, 언어 능력, 외국인들과의 친숙함에 기반해 중개자나 무역 관련 감독자 역할을 맡았을 것이다.

이는 라치밀라호의 사촌인 안드리암볼라가 메시지를 전달했다는 사실에도 새로운 의미를 부여한다. 라치밀라호는 자신을 해적의 자식이 아닌 '자핀드라미소아 가문의 수장'으로 내세우고 있으며 어머니 쪽 조상들의 이름으로 말한다. 더욱이 그는 어머니 오빠의 아들인 안드리암볼라 즉 원래는 그보다 더 높은 서열로 예상되는 사람을 자신의 특사, 다시 말해 부하로 삼았다. 그러니까 라치밀라호는 실제로 한 번에 여러 가지 일을 하고 있었던 것이다. 그는 보통은 2등급 '딸들의 자식들' 계보에 속했음에도 불구하고 자신의 부족 내에서

---

* 그가 실제로 죽었다면, 그가 살해된 날짜는 불확실하다. 잠자리에 든 그를 죽인 것으로 알려진 이름 없는 말라가시 적은 치코아이거나 치코아의 동맹이었을 가능성도 있다.

우위를 주장했다. 또한 그는 그것이 어떤 것이든 간에 말라타라는 신분 덕에 가질 수 있었던 직책과 그를 2등급으로 지목하는 더 커다란 서열 체계 모두를 포함하는 치코아 연합의 권위 질서를 모두 거부했다.

위대한
카바리가 열리다

이야기로 돌아가자. 소규모의 반란자들은 곧 안톤길만 입구 마나나라강 하구에 있는 북쪽 마을 암비치카Ambitsika 본토에 자리를 잡았다. 그들의 저항은 널리 찬사를 받았고, 주변 씨족들의 **음판자카**들이 찾아와 소, 쌀, 양, 가금류를 선물로 바쳤다. 결국 모두가 대규모 **카바리**에 초대되었다.

이 책의 맥락에서는 마예르의 **카바리** 기록 중 두 가지가 눈에 띈다. 첫째는 여성에 대한 배제이고, 둘째는 말라가시와 해적의 관습이 명백히 융합된 정치적 의례의 채택이다.

여성의 배제는 치코아와 베치미사라카라는 두 경쟁 공화국 창설이 해안의 '여성들의 도시들'에 대항해서 남성 권력을 재확립하는 것이었음을 보여준다. 모든 위대한 창설 회합에 여성들은 명시적으로 금지되었다. 더욱이 이 자료들은 이

러한 금지가 얼마나 이례적인지 인식하고 있는 것으로 보인
다. 다음은 마예르가 쓴 관련 구절이다 (삭제된 문장에 주목
하라).

ANNEXE I

EXTRAIT DE MAYEUR NICOLAS, *HISTOIRE DE RATSIMILA-HOE*

이 구절은 마예르의 원고에서 사실상 가장 명시적으로

민족지학적인 부분이다.

 말라가시인들은 그것이 무엇이든 간에 특정한 목적을 가지고 여러 개인들이 모이는 모든 모임을 **카바리**라고 부른른다. 친구들의 **카바리**, 가족들의 **카바리**, 마을들의 **카바리**, 부족들의 **카바리**, 전체 지방의 **카바리**가 있다. ~~여성들은 결코 참여하지 않는다.~~ **카바리**의 중요성은 전적으로 그 목적에 달려 있다. 소문을 좋아하고 시간에 구애받지 않는 이 흥미로운 사람들에게는 모든 것이 **카바리**의 소재가 된다. 여행자의 모험담을 듣기 위해, 멀리서 대포 소리를 들었다고 알리기 위해, 해안가에서 배를 보았다거나, 새로운 백인들이 상품을 가지고 도착했다는 소식을 전하기 위해 **카바리**가 열릴 수 있다. 그러면 끝없는 코멘트가 이어진다. 진지하게 다뤄지지 않을 만큼 사소한 문제란 없다. 보고는 언제나 멋진 윤색을 동반한다. … 모두가 다리를 꼬고, 가슴팍에 팔짱을 끼고, 턱을 무릎에 대고, 천 조각을 오른쪽 어깨 위로 접어 걸치고 땅에 앉는다. 엄숙하게 그들은 테라코타 대통과 대나무 줄기로 만든 파이프로 담배를 피운다. 몇 모금 피운 뒤 파이프를 돌리고, 박으로 만든 잔에 담긴 꿀술이나, 혹시 아락주가 있을 때는 그것을 나눠 마시며 잔을 돌린다. 이러한 **카바리**는 집 안에서 열리기도 하고, 공간이 부족하면 밖에서도 열린다.[25]

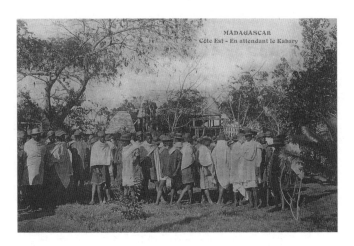

카바리 풍경.

　　이는 분명 남성들의 사교를 보여주는 모습이지만, 여기
서 여성의 배제는 문자 그대로 삭제 표시 아래 쓰여 있다. 실
제로는 마을에서건 도시에서건 여성들이 일상적인 정치적
논의에서 배제되지 않았기 때문에 저자나 편집자가 여기에
삭제 표시를 한 것이다. 동해안 남쪽의 타날라Tanala에서는
익숙한 여성 전용 회합(**카바린니 베히바비**kabarin'ny vehivavy)—
이 회합은 여성과 관련된 문제들, 예를 들어 여성에 대한 범
죄를 재판하기 위한 것이었다[26]—을 여는 관습이 베치미사
라카에 있었을 수도, 그렇지 않을 수도 있다. 하지만 여성들
이 공적 논의에서 완전히 배제되는 것은 극히 드문 일이었다.
이 구절을 지운 것은 이것이 자명하게 잘못된 것, 적어도 일반화할 만한 사실이 아니었기 때문이다. 여성들은 일상적인 카바리뿐만 아니라, 공적 관심사가 논의되고 재판이나 신성재판ordeals*이 진행되는 마을 카바리에도 참여했다. 하지만 마예르의 원고에 묘사된 어떤 대규모 지역 회합에서도 여성의 존재는 찾아볼 수 없다. 간혹 선물로 주어지거나, 몸값이 치러지거나, 해방되는 노예들 중에 여성이 있었을 뿐이다. 이러한 회합들은 마하오에 대항하는 다라피피의 우위를 재확립하는 것, 즉 전통적인 남성의 전쟁 영역을 다시 세우는 것이었다.

---

* '신성재판'이란 유죄 여부를 판단하기 어려운 피의자를 대상으로 극심한 고통이나 시련을 가한 후 그것을 이겨내면, 신이 그를 지켜준다고 생각해서, 무죄로 판단하는 고대의 재판 형식이다.—옮긴이

맹세식

계속해서 마예르는 주최 측이 어떻게 모든 것을 '재산이나 권력'이 아닌 씨족과 나이에 따라 배치했는지 설명한다. 각 씨족은 **음피사카**mpisaka라는 지팡이를 하나씩 들고 왔는데, 이를 들고 있는 사람은 평의회에서 발언할 수 있었다. 라치밀라호는 자신의 씨족 지팡이를 들고 연설을 시작했다. 그는 회합에 모인 이들에게 조상들이 물려준 땅의 통제권을 되찾자고 호소했다. 지금 그 조상의 무덤이 치코아에 의해 모독당하고 있다면서 말이다.

그는 무기와 탄약 같은, 아버지가 남긴 막대한 자원을 장대하게 나열하며 긴 연설을 마쳤다. 이것들은 사람들의 마음속에서 권력과 번영의 근본적인 원천이었다.

인간의 기억에서 이보다 더 심사숙고해야 할 만큼 중요한 일은 없었다. 모두가 자신의 견해를 표현해야 한다고 여겼다. 일부는 비록 찬탈된 것이라고 해도 이미 강력하게 자리 잡은 권위에 맞서 싸운다는 생각에 겁을 먹고 평화로 기울었다. 다른 이들은 자신들이 처한 불행을 의식하며, 자신들의 나라가 해방되기를 바랐지만, 이러한 내부 분열이 백인들과의 무역 번영에 미칠 영향을 두려워했다. 또 다른 이들은, 이들이 가장 많았는데, 전쟁을 열렬히 지지했고 전쟁만을 외쳤으며, 최고의 결과를 호언장담했다. … 그들의 의견이 승리를 거두었다. 마침내 만장일치로 전쟁이 결정되었고, 안타바라트라[북부 사람들]의 전반적인 지휘권이 라치밀라호에게 위임되었다.

결정은 긴 합의 도출 과정을 통해 이루어졌다(주최 측은 숙의 과정이 며칠이나 걸릴 것을 예상하고 임시 오두막을 지었다). 결국 라치밀라호는 '북부 사람들' 연합의 전쟁 수장인 **필로하베**로 선택되었다. 마예르의 기록을 믿는다면, 거기서 제시된 주장들은 추상적인 원칙에 호소하지 않았으며 오직 조상의 권리에만 호소했다. 이것은 그들 조상의 땅이었고, 외부인들의 존재에 의해 모독당했으며, 그들의 무덤은 말 그대로 짓밟히고, 제물로 바친 소의 두개골로 장식된 기념 기둥들이 뽑히고, 소의 두개골들이 흙으로 더럽혀져 모독되었다.

여기까지는 모든 것이 매우 전통적으로 보인다. 하지만 완전히 새로운 것을 만들 때 조상의 관습을 호출하는 것이 말라가시 관행이라는 점에 주목할 필요가 있다. 진정한 혁신은 실제로 새로운 동맹을 만드는 의식에서 나타났다.

마지막 **음피사카**가 말을 끝내자마자 한 무리의 남자들이 바구니를 들고 왔다. 그는 그것을 **카바리** 중앙에 놓았다. 그의 **심보**simbo(허리천)의 한 귀퉁이에는 총의 부싯돌, 납탄, 화약, 시장에서 주워온 깨진 항아리나 접시의 조각들, 덩어리나 주화 형태의 금과 은 조각들, 그리고 약간의 생강이 말려 있었다. 그는 일정량의 부싯돌, 탄환, 화약을 안타바라트라 족장들이 가져온 다른 가루와 함께 놓았고, 불레Voule 즉 근처 강에서 가져온, 물을 계량하는 대나무 잣대를 더했다. 그는 칼끝으로 이 모든 것을 섞은 뒤 모든 족장들에게 다가오라고 손짓했다.

각 족장은 배꼽 부근에 작은 칼자국을 받았다. 그 피를 생강 조각 위에 모으고, 각자가 방패 안에 담긴 혼합물을 한 숟가락씩 받으며 "우리는 당신에게 복종하겠습니다, 탐의 자식이여"라고 선언했다.

"우리 아버지들의 유산을 우리에게 돌려주시오, 우리의 항구들을 돌려주시오, 백인들과의 무역을 돌려주시오." 이 말이 맹세에 임한 족장들 수만큼 반복되었다. 그런 다음 라치밀라호가 음료를 마셨다. 그러고는 말했다. "나는 맹세한다. 너희 아버지들의 유산을 돌려줄 것이며, 항구들과 백인들과의 무역을 돌려줄 것이며, 조상들의 무덤을 돌려줄 것이다. 너희 아내와 자식들은 더 이상 백인들의 배에 끌려가지 않을 것이며, 너희 남편들은 더 이상 바닷가 모래사장에서 희생되거나, 치코아의 횃불에 타죽거나, 치코아의 창에 찔려 죽지 않을 것이다."

맹세가 끝나자 맹세를 주관하는 사람이 다시 힘찬 어조로 말했다. "적들의 부싯돌에서 불이 붙지 않기를, 그들의 화약이 불발되기를, 그들의 총알이 결코 그대에게 닿지 않기를. 그대의 음식을 요리할 솥과 냄비가 결코 부족하지 않기를! 그대의 목초지에 많은 소가 있기를! 그대의 집에 쌀이 풍성하기를!" 그는 피에 적신 생강을 족장들 수만큼 잘라서 한 조각씩 나누어 주었고, 모두가 그것을 삼켰다. 그가 계속해서 말했다. "그대들은 안녕well-being의 술을 마셨소. 이제 강력한 형제애의 빵을 드시오." 각자는 손을 내밀어 조각을 받은 뒤, 다시 제자리로 돌아갔다.

대부분 세부 사항들—생강, 피의 혼합, 상징적인 징표들—은 말라가시의 맹세와 저주에 관한 문헌에 익숙한 사람이라면 누구나 즉시 알아볼 수 있는 것들이다. 정치적 맹세는 전형적으로 **파티드라** 즉 혈맹 의식의 논리를 따랐으며 어느 정도는 신성재판의 논리도 따랐다.[27] 각각의 경우에 계약 당사자들은 영혼을 불러냈는데, 이 영혼은 본질적으로 그들이 행한 영적 소환을 통해 존재하게 되는 것으로서, 이방의 것, 그 본성을 끝내 알 수 없는 보이지 않는 폭력의 힘으로 여겨졌다. 그들은 이 영혼에게 새로 맺은 약속을 위반하는 자에게 끔찍한 벌을 내릴 것을 간청했다. 더 정교한 형태에서는 몇몇 동물을 죽이고 끔찍하게 훼손하는 것이 포함되었는데, 동물 사체는 약속을 지키지 않는 자에게 내릴 운명을 구현하기 위해 전시되었다.

이런 의식에 대해 우리가 가진 가장 초창기 기록 중 하나는 사실 존슨이 《해적들의 일반 역사》에서 기술한 것으로,[28] 암보나볼라의 해적 선장 나다니엘 노스와 이름이 알려지지 않은 말라가시 군주 사이의 동맹에 관한 것이다. 이 동맹은 라치밀라호가 연 대규모 **카바리** 몇 년 전에 맺어졌을 것이며, 거의 정확히 이 고전적인 형태를 취했다. 당사자들은 서로의 손가락을 걸고 맹세를 위반하는 자에게 끔찍한 재앙이 닥치기를 기원했다.*

× × ×

　이런 동맹들의 이야기는 그 자체로 구전 문학의 한 장르
가 된 것으로 보인다. 마예르는 베치미사라카 연합을 만든
대규모 **카바리**에서 열린 숙의 과정이 그의 정보제공자들이
기억하는 가장 유명한 것이었다고 언급하고, 몇 군데서 당시
벌어진 논쟁의 조각들을 재현하기도 한다. 하지만 훨씬 더
많은 내용이 맹세의 세부 사항을 다루는데 할애되었다. 이는
실제로 정보제공자들이 기억하고 이야기할 가치가 있다고
느낀 것을 반영한다고 보아야 할 것이다. 선포된 말들과 수행
된 동작들은 독립 선언이자 헌법의 문서였고, 이를 통해 말
그대로 새로운 정치적 현실이 구성되었다. 실제로 존재하게
되었다는 의미에서 말이다.

　만약 이것이 사실이라면, 마예르가 보고한 맹세 의식들

---

* "그들은 서로에게 모든 우호적인 의무를 다할 것을 맹세하고, 맹세하는 상대
방의 친구나 적에게도 자신이 친구나 적이 될 것을 맹세한다. 또한 만약 스스로
가 맹세를 저버릴 경우 자신에게 여러 가지 저주가 내릴 것을 기원한다. 긴 창
에 맞아 죽거나, 악어에게 잡아먹히거나, 신의 손에 즉사하기를…."(Johnson, *A
General History of the Pyrates*, 405). 여담이지만, 후대의 맹세 기록에서는 하나의 주
목할 만한 예외를 제외하고는 총알, 부싯돌, 화약이 사라진다. 그 예외는 엘리스
의 《마다가스카르의 역사》(1권, 188~89쪽)에 나오는 고원지대 최초의 맹세 기록
인데, 여기서는 여전히 마예르가 묘사한 것과 매우 비슷한 의식이 나타나며, 저
주와 건강과 번영에 대한 기원이 결합되어 있다. 같은 지역에서 반세기 후에 말
라가시어로 쓴 기록들(Cousins, *Fomba Gasy*, 91-95; Callet, *Tantara ny Andriana eto
Madagascar*, 831-51)에서는 이미 총과 축복이 사라졌는데, 이는 내가 오늘날의 정
보제공자들에게서 우연히 들은 설명과 비슷하다.

이—이뿐만 아니라 베치미사라카 연합을 만드는 과정에서 이후에 보고된 비슷한 의식들도—일반적인 모델에서 상당히 벗어나 있었다는 점은 대단히 중요하다. 두 가지 주요한 차이점이 있다.

첫째로, 이것들은 분명 전통적인 말라가시의 맹세 의식과 해적들의 맹세 의식의 종합이다. 나는 이미 다우닝의 글에서 생트마리의 말라가시 족장들이 손님들에게 바닷물에 탄 화약 한 잔을 마시게 했다는 구절을 인용했는데, "이는 그들이 해적들에게서 배운 의식이었다."[29] 이 의식에는 화약뿐만 아니라 부싯돌과 머스킷 총알도 사용되었다. 하지만 가장 중요한 요소는 분명히 화약이었는데, 이는 각 족장들이 거기에 자신의 몫을 보태는 유일한 것이었다는 사실에서 알 수 있다.

둘째로, 이 맹세들은 맹세를 깨는 자를 처벌할 이방의 영혼을 소환하는 일반적인 형태를 취하지 않았으며, 맹세를 깼을 때 겪게 될 재앙을 가리키는 어떤 상징물도 없었다. 이는 대단히 이례적이다. 사실 나는, 내가 현장 연구에서 듣거나 목격한 것들을 포함해서, 재앙을 소환하는 주문이 중심적인 역할을 하지 않는 말라가시 **파티드라**나 맹세 의식에 대한 어떤 기록도 본 적이 없다. 그러한 요소가 완전히 빠진 경우는 말할 것도 없고 말이다. 하지만 여기서 소환 주문은 동맹의 적들에게만 불운을 부른다. 이를테면 많은 말라가시의 총 부적(**오디 바시**ody basy)처럼[30] 적들의 머스킷총이 고장 나기를 기원하고, 그런 다음 (말하자면) 제물 봉헌에서처럼 참여한 모든 이들의 건강과 번영을 기원한다. 이러한 요소들은 보통 정치적 계약에서는 발견되지 않는다.

이는 오직 하나의 방식으로만 해석될 수 있다. 여기서 형성되고 있는 정치체는 본질적으로 강제적인 형태가 아니다. 이는 심지어 일단 받아들이고 나면 강제적인 것이 되는 책임을 자발적으로 맡는 것, 즉 고전적인 의미의 사회계약조차 아니라는 것이다. 이는 파괴적인 힘(총과 화약)을 공동의 번영과 안녕을 위한 힘으로 집단적으로 변형시키는 것이다.

말라가시의 대부분 정치적 계약들—그리고 많은 아프리카의 계약들—이 그러한 고전적인 사회계약 형태를 취했지만,[31] 적어도 마예르가 묘사한 베치미사라카 계약은 계산된 일탈로 보인다. 이는 사회 질서 유지를 위해 폭력을 되살리는 것이 아니라 폭력을 완전히 다른 것으로 바꾸고자 하는 시도였다.

라치밀라호가
왕이 되다

어쩌면 이를 너무 확대 해석해서는 안 될지도 모르겠다. 다음번에 그러한 맹세가 이루어졌을 때는 새로운 요소들(적들에 대한 저주, 집단의 번영과 다산에 대한 기원)이 포함되었지만, 마지막에 저주도 더해졌기 때문이다.

이야기를 빠르게 진행시켜보자. 새로 구성된 군대는 목책으로 둘러싸인 항구 도시 페노아리보를 포위하고 공격했다. 치코아는 지나가는 선박에 팔기 위한 쌀을 마을 근처 커다란 습지에서 재배하고 있었는데, 몇 차례의 초기 소규모 전투 후 이제는 안전하다는 잘못된 감각에 빠져 벼를 수확하다가 기습을 당했다. 이 사건 이후 라치밀라호는 치코아를 조롱하며 '거대한 붉은 진흙'이라는 뜻의 베타니메나 Betanimena라고 불렀다. 그들이 도망칠 때 몸에 붙어있던 붉은 흙을 가리킨 것이다(이후 그들은 계속 이 이름으로 불렸다). 보히마시나에 대한 교묘한 위장 공격 이후 북부 사람들이 마을을 습격할 수 있게 되자, 자신의 산악 수도에 갇힌 라망가노는 보급선을 유지하는데 점점 어려움을 겪게 되고 결국 평화를 간청할 수밖에 없었다. 그는 페노아리보와 암보나볼라를 양도하겠다고 제안하면서, 가장 남쪽 항구인 타마타베에 대한 통제권은 유지하게 해달라고 요청했다.

다시 대규모 카바리가 열렸고, 거기서 라치밀라호는 망설이는 **음판자카**들을 설득해 이 거래를 받아들이게 했다. 베치미사라카가 타마타베에서 어떤 차별이라도 받는다면 즉시 다시 전쟁이 시작될 것이라고 약속함으로써 말이다. 그 결과 맺어진 조약에서 라치밀라호는 베타니메나에 의해 '풀포인테의 왕'(암보나볼라의 **음판자카**)으로 인정받는 동시에 베치미사라카에 의해 영구적인 전쟁 수장으로 인정받았다. 즉 새로운 분쟁이 발생하면 그가 베타니메나에 대한 군사 작전을 지휘하게 될 것이다.

그러나 북부의 **음판자카**들이 집으로 돌아가기 전에, 라치밀라호와 그의 동료들은 그의 새로운 직책인 '영구 수장'이 수반할 정확한 권리와 의무를 명시하기 위해 암보나볼라에서 마지막 **카바리**를 조직했다. 다시 한번, 마예르의 글은[32] 정치적 합의를 구체적으로 밝히지 않고 의식의 세부 사항을 길게 다룬다.

209

먼저, 그 자리에 모인 **음판자카**들 중 한 명이(누구인지는 밝히지 않았다) 라치밀라호가 라마로마놈포('많은 이들이 섬기는 자')라는 이름으로 자신의 지위를 후손들에게 물려줄 권리를 가진 영구적인 지도자가 되어야 하고, 이 자리에 모인 모든 사람들은 이제부터 베치미사라카로 불려야 한다고 선언했다. 이 모든 것이 미리 준비되어 있었다는 것은 명백하다. 왜냐하면,

연사가 말을 마치기도 전에 맹세를 주관하는 사람이 맹세의 봉인에 필요한 금, 은, 화약, 생강이 담긴 방패를 들고 나타났기 때문이다. 모든 음판자카들이 다가왔다. 그는 그들의 배꼽 부근에 칼자국을 냈다. 그 피를 생강 위에 모으고 용기에 물을 부어 음료를 섞었다. 그런 다음 계약 당사자들에게 창끝을 담그라고 알리며 방패를 두드리고, 두 걸음 뒤로 물러서 몸을 똑바로 세우고 하늘을 쳐다보며 이렇게 말했다. … "모든 선한 것 위의 선한 신이시여, 인간을 보호하는 영혼들이여, 우리 조상들의 선한 영혼들이여, 이 많은 사람들이 맺는 계약의 증인이 되어 주소서. 충실히 지키는 자들을 자비롭게 살펴주시고, 위반하는 자들은 내쳐주소서." 이 소환 주문이 이어지는 동안 관련된 사람들은 두 손을 잡고, 발끝을 서로 맞대고 깊은 침묵을 지켰다. 주문이 끝났을 때 그들은 각자가 먹을 생강을 나누어 받았다. 뒤이

어 방패에 담긴 음료가 제공되었고 각자 세 숟가락씩 마셨다. 주관자는 라치밀라호에게 우선 음료를 나눠주었는데, 그가 음료를 입에 대는 순간 큰 소리로 말했다. "안드리아미소아의 자식이여, 그대는 신과 당신의 조상들 앞에서 백성에 대한 사랑과 친절과 보호를 마시나이다. 족장들이여, 그대들은 복종과 충성을 마시나이다. 충실하다면 그대들의 부가 커지기를. 그대 적들의 화약은 힘을 잃고, 그들의 부싯돌에서는 불이 나지 않기를. 그들의 총알이 결코 그대에게 닿지 않기를. 그대의 논이 해안가에서 암보히치메나산 정상까지 뻗어가고, 그대의 가축이 광활한 평원을 뒤덮기를, 그대의 자녀가 나무 잎사귀처럼 불어나기를. 마지막으로, 그대가 마실 물과 음식을 요리할 냄비가 결코 부족하지 않기를." 이 소환 주문은 맹세를 하는 당사자들 수만큼 반복되었다.

음료를 모두 다 마시자 방패는 뒤집어져 땅에 놓였다. 방패를 몇 번 뒤집으며 그는 여러 번 반복해서 말했다. "계약을 지키지 않으면 창에 찔리기를. 당신들의 뼈가 자루에 담겨 꿰매어지기를." 의식을 마무리하는 이 저주가 끝난 후 모든 족장들은 서로 팔짱을 꼈는데, 이는 그들이 형제이며 영원히 친구가 되기를 원한다는 것을 보여주는 공통의 표시였다.[33]

저주의 형식과 서로 팔짱을 끼는 것은 존슨이 묘사한, 암보나볼라의 노스 선장과 말라가시 동맹자들 사이의 혈맹 의식과 거의 동일하다. 맹세 후에는 소 스무 마리가 제물로 바쳐졌고, 이후 여성들은 캠프에 들어와 축하의 춤을 이끌었고, 남성들은 전쟁에서 죽은 이들을 위한 찬가를 불렀다.

바로 여기서 마이예 텍스트에 아주 이상한 일이 일어난다. 이 장을 시작할 때 그는 이 회합이 새로운 왕이 가진 권한의 성격을 명확히 하기 위해(그렇지 않으면 영원한 수장이란 "그 속성이 설명되지 않은 하나의 직함에 지나지 않을 것이다.") 소집되었다고 구체적으로 언급했다.[34] 하지만 의례에 대한 묘사가 끝나자마자 그의 생각은 바뀐 것처럼 보인다. 그는 말라가시인들에게 권력은 본질적으로 절대적인 것이며, 오직 왕의 재량과 품성에 의해서만 제한될 뿐이라는 것을 언급하기 위한 단락을 삽입했다.[35] 그것이 마이예의 생각인지 그에게 정보를 제공한 이의 생각인지 구분하기 어렵지만 이는 진실되어 보이지 않는다. 설령 이것이 베치미사라카 연합이 라치밀라호 개인의 모범적 자질의 결과라는 마이예의 주장에 부합한다고 해도, 라치밀라호가 그런 절대 권력을 부여받았을 가능성은 원칙의 차원에서조차 거의 없어 보인다(마이예의 텍스트에서조차 라치밀라호가 다른 이들과 똑같이 맹세했다고 하지 않았는가).

오히려 [마이예의 텍스트는] 공식적으로든 비공식적으로

든 틀림없이 진행되었을 실제 권력의 협상과 세부 사항을 그냥 생략하고 있는 것으로 보인다. 기껏해야 그 결과의 일부만을 라치밀라호의 통치 방식에 대해 설명하고 있는 끝에서 두 번째 장에 언급할 뿐이다.[36] 그 장에서 마이예는 이를테면 라치밀라호가 현지 전통에 따라 **음판자카**들 각자의 권력을 허용하면서도, 동시에 어떻게 누구든지 왕이 참석하는 **카바리**를 소집할 권리를 주어서 인기 없는 관행이나 결정을 뒤집을 수 있게 했는지 설명하고 있다.

그럼에도 의문은 남는다. 마이예 원고의 모순은 저자 자신의 혼동에서 기인한 것일까, 아니면 베치미사라카 정치체 내부에 있던 보다 근본적인 긴장을 반영한 것일까. 나는 증거들이 아주 분명하게 후자를 가리키고 있다고 생각한다. 말라가시 자료들 또한 종종 군주들이 정의상 무제한적 권력을 갖는다고 주장한다. 분명히 라치밀라호의 오랜 친구들도 마이예 같은 외국인에게 라치밀라호 또한 그런 권력을 가지고 있다고 말했을 것이다. 하지만 실제로는 결코 그렇지 않았다.

이 시점에서 기록은 전혀 예기치 않은 방향으로 전환된다. [마이예에 따르면] 라치밀라호의 마지막 행동은 자신처럼 해적의 자녀인 몇몇 유명 말라타를 불러 선물을 잔뜩 안기고, 자신은 그들의 현재 상황에 도전할 생각이 전혀 없음을 사적으로 확신시킨 것이었다. 실제로 어떤 말라타도 라치밀라호의 두 대규모 **카바리**에 참여하지 않았고, 그 결과 이어진 7년 전쟁에도 참여하지 않았다. 마이예는 다른 말라타들의 '시기'와 '음모'에 대해, 그리고 그들이 다른 편에 가담할지 모른다는 라치말라호의 근심에 대해 자주 언급하고 있다.[37]

이 기록이 분명히 말해주는 것은 말라타의 특권적 지위가 이미 존재했다는 사실이다. 그것은 치코아 연합이 자체적으로 만든 것이다. 당시 말라타는 어떤 응집력 있는 그룹도 이루지 못했는데, 다시 말하지만 당시 이들의 최연장자들이 이십 대 초반이었다는 점을 고려하면 놀랄 일도 아니다. 그렇다면 왜 새로운 연합을 조직한 이들은 당시 경제적·군사적 중요성이 그다지 크지도 않았던 집단의 사람들에게 그토록 많은 중요성을 부여했던 것일까?

✕ ✕ ✕

내 생각에 이것은 이 책 전반에서 제시된 더 커다란 맥락을 고려할 때만 이해될 수 있다. 우리가 보았듯이, 해적의 출현이 불러온 첫 번째 결과는 많은 야심 찬 여성들, 대부분이 명백히 유력한 혈통을 가졌기에 지역 수장들이 스스로를 **음판자카** 내지 '왕들'이라고 부른 것처럼 스스로를 '공주들'이라고 부를 수 있었던 그 여성들이 부와 인맥에 대한 실질적인 통제권을 장악하고, 해적들과 함께 이후 해안의 역사를 지배할 항구 도시들을 건설한 것이다. 이 프로젝트의 일부는 이전에 중개자 지위를 차지했던 자피 이브라힘의 권력을 무너뜨리는 것이었다. 라치밀라호 스스로가 이런 야심 찬 여성의 아들이었다. 이 여성이 마이예의 이야기에 단 한 번도 등장하지 않는 것은 의미심장하다(그녀가 당시 생존하지 않았다고 생각할 이유는 없었는데도 말이다).

만약 해적의 아내들이 자피 이브라힘을 완전히 대체하기 위해 자기 자녀들을 내부의 외부자라는 새로운 중개자 계급으로 만들려는 장기적 야망을 품었다고 한다면, 분명 이 아이들은 매우 중요한 존재들이었을 것이다. 그리고 그의 성공 열쇠는 이 아이들끼리(혹은 다른 외국인들과)의 결혼을 확실히 하는 것이었을 것이다. 그런데 이것이 결국에 실제로 일어났던 일이다. 말라타 아이들에게 특권을 부여함으로써 치코아는 이 프로젝트를 이미 승인했으며, 라치밀라호 자신이 이 프로젝트의 일부임을 인식했다고까지 말할 수 있다(암보나볼라에서 그가 어떤 지위를 차지했던 것으로 보이기 때문이다).

그런데 치코아에 도전하면서 라치밀라호는 이것을 회피한다. 자신을 어머니 씨족과 동일시하고, 베치미사라카의 다른 **음판자카**들과 새로운 연합의 비전을 발전시키기 위한 공동의 대의를 만듦으로써 말이다. 하지만 이 시점에서 '말라타'와 협상하면서, 그는 실제로는 새로운 귀족을 만들어내는 이 프로젝트를 포기하지 않았다고 남아 있는 해적들과 그들 아내들을 안심시키며 그들과 간접적으로 협상하고 있었던 것으로 보인다.

그러므로 가장 그럴듯한 해석은, 말라타의 시기와 무대 뒤의 음모에 대한 [마이예의] 지속적인 언급들은 당시 대부분 십대에 불과했던 말라타를 가리키는 것이 아니라는 것이다. 당시 대체로 이 프로젝트를 옆에서 지원했던 그들의 아버지들에 관한 것도 아니다. 오히려 그것은 다양한 대규모 **카바리**에서 명시적으로 배제되었던 그들의 어머니들을 가리킨다.* 라치밀라호는 그녀들의 가장 나이 많은 아들들에게 직접 호소하는 방식으로 그들[어머니들]을 우회하려 하는 동시에 간접적으로는 그들을 포섭하려고 했던 것 같다.

이러한 해석은 이후 일어난 사건들에 의해 뒷받침된다.

✕ ✕ ✕

잠깐의 휴전 후 전쟁은 재개되었다. 파리아바히Fariavahy 라는 씨족이 타마타베에서의 처우에 대해 불만을 제기했다. 중재 시도가 실패한 후 양측은 대규모 병력을 모으고 동

---

* 덧붙이자면, 말라가시어에서 질투나 시기fialonana, ankasomparana에 대한 언급은, 특히 그것이 비밀스러운 음모와 결합될 때는 거의 언제나 '마녀주술witchcraft'의 완곡한 표현이다.

맹을 얻기 위한 협상에 착수했다. 전쟁은 발발 후 수년간 계속되었다. 이는 바란가롬바토Varangarombato라고 하는 베타니메나의 요새를 장기간 포위 공격한 이후인 1720년이 되어서야 끝이 났다. 마이예에 따르면, 이 전쟁은 과거 북동부에서 일어났던 군사적 충돌과는 완전히 달랐다. 라치밀라호와 라망가노 모두 유럽에서 들여온 근대적 기술을 사용했기 때문이다.

과거 전쟁이 주로 야간 급습(**타피카마인티**tafikamainty)으로 이루어졌던 반면, 여기서 서로 대적한 두 연합은 대낮의 조직된 기동과 요새의 구축, 포위 작전 등을 구사했다. 이중 많은 부분이 해안에서는 이미 일반적이었던 군사화된 무역 형태의 확장인 것으로 보인다. 사실 대부분의 행동은 포위된 도시와 군사 거점에서 쌀, 소, 무기, 탄약 등을 운송하거나 봉쇄하거나 가로채는 것이었고, 마이예가 주장하기로는—틀림없이 과장된 숫자이지만—장기전을 치르기 위해 1만 명에 달하는 병사들을 모으는 것이었다. 심지어 수천 명의 병사들이었다고 해도 이들에게 상당 기간 동안 적절한 물자를 제공하기 위해서는 매우 정교한 병참기술이 필요했을 것이다.

이 전쟁에서 머스킷총은 특이한 역할을 수행했다. 라치밀라호는 개인적으로 200정의 머스킷총을 가지고 있었기에 큰 이점을 누렸다. 전쟁이 시작되었을 때 그는 각 씨족 대표들에게 신중하게 총을 배분했다. 게다가 아베 로숑의 말을 믿는다면, 여기서 해적들은 양측에 전쟁 물자를 공급하는 척하면서 실제로는 가격을 부풀린 총과 포로들을 교환하여 베치미사라카 포로들을 되찾는 기회로 활용하기도 했다.[38] 그렇다고 해도 이 전쟁에서 총기의 실제 역할이 무엇이었는지 이해하는 것은 중요하다.

우리는 이미 의례에서 머스킷총의 구성 요소들(부싯돌, 화약, 총알)이 얼마나 두드러진 역할을 수행하는지 보았다. 쌀을 담은 뿔을 평화의 공물로 보내듯이, 부싯돌과 총알은 적대적 의도의 표현으로 전달됐다. 둘의 조합(번영의 상징들과 머스킷총의 구성 요소들의 조합)은 맹세를 위해 사용되었다. 내가 앞서 언급했듯이 통상적 의미에서의 **파나포디**—소지자에게 기적적인 힘을 부여하도록 고안된 부적—는 말라가시인들의 전쟁에서 거의 보편적으로 사용되었을 것인데, 이는 다른 텍스트들에는 잘 기록되어 있지만, 마이예의 기록에서는 아예 보이지 않는다. 마이예는 또한 자피 이브라힘, 안테모로, 자피라미니아 등 그 지역에서 활동했으며 그런 문제의 전문가로 알려진 그룹들에 대해서도 전혀 언급하지 않았다. 하지만 이 모든 것은, 만약 베치미사라카 연합의 창설자들이 당시 해적들을 둘러싸고 있던 여성적 영역에 대한 의식적인 대립으로서 남성적 전사 영역을 만들고자 했다면 납득이 된다(다시 다라피피와 마하오의 대결이다).

이 기록들에서 총이 **파나포디**를 대체했다고 말할 수 있다. 매우 실질적인 의미에서 머스킷총들은 마법의 부적이었다. 그것들 역시 [마법의 부적으로 사용되는 것들이 그렇듯] 신비하고, 이국적이며, 제멋대로이고, 위험했다. 당시 마다가스카르에서 이용 가능했던 총기류가 극도로 신뢰할 수 없는 것이었음을 강조해야 할 것 같다. 유럽 무역상인들은 비유럽인들에게 2급의 재고품들을 떠넘기는 경향이 있었다. 게다가 열대의 조건들로 인해 그것들의 사용은 더욱 신뢰할 수 없는 것이 되었다. 머스킷총들은 종종 아예 발사되지 않거나 재앙적인 오발 사고를 일으켰다. 전투에서 그런 무기를 사용하는 것은 흡사 주사위 던지기와 같았다. 그것은 다른 방식으로는 불가능했을 속력과 힘으로 먼 거리에 있는 적을 파괴할 수도 있지만, 자신의 손에서 폭발할 수도 있었다.

부분적으로는 이런 이유에서 머스킷총은 군대 행렬의 맨 앞줄에 선 병사들이 들었다. 보호 마법 부적인 오디ody나 삼피sampy가 그랬던 것처럼 말이다. 또한 그것의 사용은 종종 지도자들이 전투의 시작을 알리기 위해 허공에 쏘는 용도로, 혹은 자벨린javelins과 사가예sagayes라고 부르는 긴 창으로 전투를 벌이기 위해 군대가 근접하기 전 일제 사격을 하는 용도로 제한되었다.[39] 사령관으로서 라치밀라호는 여기에 몇 가지 혁신을 추가한 것으로 보인다. 비교적 신뢰할 수 있는 총들로 요새를 지키는 병사들에게 집중 사격을 함으로써 성벽을 돌격하는 병사들을 엄호한 것이다.[40] 그는 이 기술을 아마도 해적들에게 배웠을 것이다.[41] 하지만 전투 자체는 여전히 대부분 백병전이었다.

전쟁에서 대부분의 전략은 보급선을 유지하거나 교란하는 일—무역과 효과적으로 연계한 것—에 집중되었지만, 실제 전투는 고전적인 영웅들의 싸움처럼 수행되었다. 호메로스나 아이슬란드, 혹은 마오리의 서사시에서나 볼 수 있을 법한 개별적 무공, 결투, 개인적 도전과 모욕의 교환으로 가득했다. 그러므로 여기서 군사작전과 동맹의 진퇴에 대해 구구절절 설명하기보다 전체 분위기를 짐작할 수 있는 내용을 하나 소개하고 싶다.

말라가시의 헥토르,
어느 위대한 전사의 죽음

바란가롬바토를 포위하던 초기에 베치미사라카 진영에
서 가장 뛰어나고 유명한 전사는 파리아바히족의 안드리아
마헤리Andriamahery라는 젊은이었다.

사가예를 다루는 기술, 자벨린을 던질 수 있는 거리, 유럽의
총기를 다루는 솜씨, 게다가 용기와 대담함으로 인해 그는
베타니메나에게 가공할 적이었다. 그가 영예에 대한 사랑
을, 그리고 귀환 시 연인의 발아래 내려놓을 창 한 다발을
얻기 위한 열망을 과시하지 않은 공격이나 전투는 없었다.
이런 강력한 동기가 그를 언제나 최전선에 서게 했다. 그를
따르는 자는 누구든 승리를 확신했고, 그에게 맞선 자는 누
구든 패배나 죽음을 받아들여야 했다. 이 말라가시인 헥토

르는 아직 그의 아킬레스를 만나지 않았고, 치코아의 왕 라 망가노는 그의 무기로 도살된 베타니메나의 수를 세는 것을 그만두었다.[42]

마이예는, 안드리아마헤리가 아직 충성의 맹세를 하지는 않았지만 그의 충성심은 라치밀라호가 절대적으로 신뢰할 정도라고 적고 있다. 어느 날 라치밀라호는 보급 행렬을 가로채기 위해 본대를 이끌고 출정하면서 안드리아마헤리에게 산악 요새 몇 곳을 양동 작전으로 공격하라고 지시했다.

군주는 떠났다. 안드리아마헤리는 명령에 복종했다. 군사행동이 개시되었다. 용맹하고 노련한 산악 요새 사령관 만드리레지Mandrirezy는, 길을 막은 모든 것을 제치며 부하를 이끌고 밀려오는 불같은 안드리아마헤리를 보았다. 만드리레지는 지난 전투에서 입은 부상 때문에 안드리아마헤리와 대적하기 어려울지도 모른다는 사실에 분개했다. 이미 그의 부하 넷이 쓰러졌다. 세 명은 울타리를 넘는 과정에서 희생되었고 울타리를 넘은 후에 다시 한 명이 쓰러졌다.

만드리레지는 이 광경을 그대로 보고만 있을 수 없었다. 그는 말했다. "미친 황소여, 오늘 네 놈의 뿔을 땅바닥에 처박을 테다. 그 뿔들을 베타니메나의 무덤 기둥에 매달테다!" 이렇게 외친 뒤 그는 창 한 묶음을 집어 울타리 너머로 던졌다. 그런 다음 긴 사가예에 기대어 섰다.

안드리아마헤리가 그를 보았다. 그리고 말했다. "거기서 무얼 하고 있는 건가, 늙은이. 가족들한테 훈계나 하며 집구석에 처박혀 있지, 뭐 하러 나왔냐? 네가 있을 곳은 거기다. 보라고, 네가 집을 떠난 걸 후회하게 만들 게 여기 있다." 그 말과 동시에 안드리아마헤리는 힘센 팔을 들어 창 하나를 던졌고, 곧 또 하나를 던졌다. 두 개 모두 만드리레지의 방패를 맞췄다. 세 번째 창이 허리춤을 꿰뚫자 그는 당황했다. 만드리레지는 그것을 뽑아냈다.

그가 말했다. "뭐 하러 나왔느냐고? 이것이 내 대답이다." 그는 뽑아낸 창을 적에게 다시 던졌다. "네놈이 죽은 자들에게나 훈계를 하게 만들어 주마!"[43]

이런 식의 상호 조롱은 영웅적 전투의 전형적인 특징인데, 두 명의 유명한 전사들이 정면 대결을 펼칠 때면 대개 그 주변 모든 전투가 완전히 멈춘다. 여기서도 정확히 그런 일이 일어났다.

날아든 창이 안드리아마헤리의 방패에 꽂힌 뒤 땅 쪽으로 기울어졌다. 그다음에는 각자에게 남은 커다란 사가예를 든 채 서로를 향해 돌진했고, 분노한 채 서로에게 강력한 타격을 가했다. 방패가 부딪치는 소리가 멀리서도 들릴 정도

였다. 그 소리에 많은 전사들이 싸움을 멈추고 몰려와 둘의 대결을 지켜보았다.[44]

하지만 상황은 전혀 예기치 못한 방향으로 흘렀다. 강력한 일격을 가하던 안드리아마헤리가 발을 헛디디며 상대의 창 위로 쓰러지고 만 것이다. 만드리레지는 곧바로 시체를 잡아 울타리 너머 자기 진영으로 가져갔다. 바로 그 무렵, 대적하던 군인들은 그들 아래서 또 다른 전투가 벌어지고 있다는 것을 알게 된다. 숲에서 베타니메나의 호송대 카누를 발견한 라치밀라호가 성급하게 강에 뛰어들었고, 라망가노와 직접 대면하여 일격을 주고받은 후 거의 포위된 채 부서진 방패로 빗발치는 창을 막아내며 버티다 간신히 부하들에 의해 구조되었다.

라치밀라호는 구조되자마자 기만 작전에 나선 안드리아마헤리를 떠올리고는 서둘러 돌아왔지만, 그가 이미 죽었다는 것을 알게 되었다.

죽음을 알리는 말 뒤 치명적인 사건 이야기가 전해졌고 모든 복수 계획이 흔들렸다. 안드리아마헤리는 더 이상 도움을 필요로 하지 않지만, 그의 시신은 조상들의 무덤에 안장되어야 한다. 그는 용감하게 죽었다. 베타니메나도 언젠가 그를 위해 울 날이 올 것이다. 하지만 지금 그의 시신은 적들의 수중에 있으며, 야생 동물의 먹잇감이 되고 적들의 조롱거리가 되게 생겼다. 이는 생각만으로도 끔찍한 일이다. 이러한 생각은 영웅의 영혼 속 다른 모든 감정을 삼켜버린다. 그[라치밀라호]는 단지 안드리아마헤리만을 원했다. 그래서 그를 요구하는 사절을 보냈다.

만드리레지는 자신이 그를 물리쳤기 때문에 안드리아마헤리는 자신의 것이라고 답했다. 그는 몸값을 지불받지 않고서는 시신을 넘겨주지 않을 것이다.

"원하는 게 무엇인가?"

"황소 백 마리와 노예 열 명."

"그저 얻은 행운에 너무 비싼 값을 부르는군."

"내가 그를 누른 것은 결코 행운이 아니다. 나는 황소 백 마리와 노예 열 명을 원한다. 아니면 그를 도륙해서 조각조각 팔아치울 것이다."

"안드리아마헤리는 이제 아버지도 없고 형제도 없다. 어머니와 누이 하나가 있을 뿐이다."

"그래도 그는 여전히 파리아바히족의 일원이다. 그를 되찾지 않으면, 그들은 경멸받을 것이다."

"나는 안드리아마헤리의 아버지도, 형제도 아니고, 파리아바히족도 아니다. 하지만 내가 그를 되찾겠다. 내일 해가 뜰 때 황소 백 마리와 노예 열 명을 지불하겠다."

"황소 백 마리와 노예 열 명을 주겠다고 약속해라."

"그것들을 준다고 약속한다."

"그리고, 내가 노예들을 골라도 되겠지?"

"골라도 된다."

"안드리아마헤리를 데려가라. 이 젊은이는 용감했다. 안타까운 일이었다."

"이제 그는 아버지들의 무덤으로 인도될 것이다."[45]

이어지는 것은 다음과 같은 장례의 묘사이다. 안드리아마헤리의 어머니와 누이는 기진맥진했다. 베치미사라카 전통에 따라 전투가 벌어지는 동안 남자들에게 용기를 주기 위해 춤을 추어야 했기 때문이다.* 그들은 가족과 노예들에 둘러싸인 채 "라마로마놈포가 제공한 산호로 만든 사슬과 귀걸이, 금목걸이"[46] 그리고 일곱 개의 망토로 안드리아마헤리를 장식했다. 그리고 동트기 두 시간 전에 그를 애도의 노래와 그의 공적을 기리는 찬사 속에서 갈라진 나무 둥치 내부에 임시로 안치한 후, 그가 죽은 바로 그 자리에 매장할 수 있도록 만드리레지의 허락을 받았다.**

---

* 앞서 언급되었던 그의 연인에게 어떤 일이 일어났는지는 불분명하다.
** 이 텍스트에 따르면 시신은 이후 새 천으로 다시 감싸져서 조상들의 묘지로 옮겨질 것이고, 그곳에 망자를 기리는 기둥들이 세워질 것이다. 이 의식은 후대 고원지대에 나타나는 시신을 감싸는 전통 의식인 **파마디하나**famadihana를 예견한다.

이 모든 것은 실제로 여성들이 전투 현장에 부재하지 않았다는 것을 보여준다. 단지 화자가 언급할 필요성을 느끼지 못할 만큼 주변으로 밀려나 있었을 뿐이다. 또한 전쟁이 수년 동안 계속되었고 수많은 사람들이 여기에 말려들어 있었다는 사실은 더 일반적인 차원에서도 남성과 여성 사이의 힘의 균형에 영향을 미칠 수밖에 없었을 것이다.

다음 날 아침,

라마로마놈포는 약속한 황소 백 마리를 두 진영 사이에 가져다 놓으라고 명했다. 만드리레지가 선택할 수 있도록 노예 오십 명도 뒤따랐다. 만드리레지가 나타나 황소 백 마리를 베타니메나 울타리 안으로 데려갔다. 그 뒤, 포로로 잡혔던 자기 부하 중에서 노예 열 명을 선택했다.

만드리레지가 말했다. "당신은 약속을 지켰소. 그러니 나도 언젠가 당신과 함께 맹세하겠소. 벌레들이 먹어치울 죽은 몸뚱이를 위해 이토록 많은 재물을 쓰다니!"

군주가 답했다. "이것은 용감한 사람의 몸이오. 그만한 가치를 받을 자격이 있는 사람이오."

"내가 당신의 가축을 받은 것은 그것들이 필요하기 때문이오. 내가 당신의 노예를 받은 것은 그들이 내 사람들이기 때문이오. 하지만 [언젠가 당신에게] 소를 팔 수도 있고, 노예들을 거래할 수도 있을 것이오. 나는 이제 막 파낸 땅을 두고 당신에게 약속하겠소." 그러고 나서, 그는 손가락으로 안드리아마헤리의 무덤을 가리켰다.

"황소와 노예들을 가져가시오, 용기의 대가요."

"나는 부자이니 당신에게 되갚겠소. 나는 제물로 바칠 칼도, 망자의 잔치도 보지 못했기에, 안드리아마헤리의 가족들이 그의 무덤에 제물로 바칠 수 있도록 당신에게 넘겨줄 것이오."

"관대한 적이여, 나는 언젠가 당신과 함께 맹세하겠소. 꼭 그렇게 하겠소. 나는 당신의 선물을 받아들이리다. 우리는 기억의 돌 위에서 함께 식사할 거요."

이런 이야기들 후 두 영웅은 서로의 손을 맞잡은 뒤 헤어졌다. 그들은 각자의 진영으로 돌아갔다. 그날 밤에는 적대 행위가 중지되었다.[47]

장엄한 몸짓과 호화로운 선물들은 과시와 대결만큼이나 영웅적 행동의 정수였다. 마이예는 이러한 호메로스적 메아리를 확실히 의식하고 있었다(어느 곳에서 그는 두 사람을 아킬레스와 헥토르에 비유하기까지 했다). 하지만 이런 세세한 이야기들이 50년이 지난 후에도 기억되었다는 바로 그 사실이 마다가스카르에 영웅적 장르가 실제로 존재했으며, 그 전쟁이 개인들이 순전히 자신의 탁월한 자질만으로 지속적인 영향을 남길 수 있었던 시대로 기억되었음을 분명히 보여준다.

안드리아마헤리의 죽음을 둘러싼 사건들은 특히 중요하게 여겨진 듯한데, 결국 하나가 될 두 인민들인 베치미사라카와 베타니메나의 궁극적인 화해를 예시豫示했기 때문이다. 마예르는 자신의 서사를 평화의 수립으로 마무리한다. 이때 그는 당연하게도 다음과 같은 사실, 즉 만드리레지는 이미 죽었지만 아들 자힘포이나Zahimpoina가 아버지의 맹세를 지켜 몸값을 치르기 위해 라치밀라호에게 황소 백 마리와 노예 열 명을 지불했다는 사실을 기록해두었다. 라치밀라호는 안드리아마헤리의 시신을 인수하고 의식에 따라 매장하기 위해 발생한 모든 비용을 지불했다. 안드리아마헤리의 시신은 씨족 무덤의 기념석 위에 황소 스무 마리를 제물로 바침으로써 신성시되었다.[48]

이 이야기는 무덤에서 시작해서 무덤으로 끝난다. 라치밀라호의 첫 번째 연설은 치코아족이 북부인들의 조상 무덤을 체계적으로 모독했다는 것을 부각시킨 것이었다. 전쟁은 수천 명에 이르는 전사자들의 시신을 바로 이 [조상들이 있는] 똑같은 무덤으로 이장하면서 끝나는데, 이 무덤은 이제 새롭게 창조된 인민의 물질적 중추로 거듭난 것이다. 해적의 많은 보물들은 해적의 아내들과 딸들의 살아 있는 신체 그리고 이들의 상업적 계좌로부터 빠져나와 영웅적 선물-증여의 회로로 들어갔고 결국에는 영웅적인 죽음을 맞은 망자들과

함께 묻혀, 그것을 중심으로 새롭게 창조된 베치미사라카를
조직할 기억의 구조가 되었다.

왕실과 왕국
그리고 자나-말라타

　또한 많은 보물들이 분명 암보나볼라에 있는 새로운 왕의 왕궁으로 흘러 들어갔으며, 이곳은 점차 풀포인테로 알려지게 되었다(왕은 페노아리보 근처에도 거처를 두고 있었다). 이제는 분명해졌겠지만,—헨리 에이버리와 존 플랜틴이 활동하던 때부터 베뇨프스키 백작이 활동하던— 이 시기의 동부 해안에서 무장한 경비병과 보석을 몸에 두른 신하로 가득한 강력한 왕실의 외관을 유지하는 능력은 해당 '군주monarch'의 실제 권력에 대해서는 거의 아무것도 말해주지 않는다. 적어도 '권력'이라는 것이 주변 인구의 의례적 노동과 물질적 자원을 조직하는 능력으로 측정된다면, 이 말은 사실이다.

　라치밀라호가 다른 전쟁 수장들처럼 외부 침입에 맞서 군대를 일으킨 것 이외의 어떤 의미에서든 인구를 통제할 수

231

있었다는 증거는 거의 없다. 그는 통신연락망을 개선하고, 각 주요 마을에 창고 시스템을 만들어 쌀을 수출용으로 저장하고, 여행자들을 지원할 수 있게 했으며, 도로 확장을 장려했다. 하지만 공동의 곡물 창고들은 이미 존재하고 있었으며 항구로의 대량물자 운송은 언제나 군사적 기능들과 겹쳐 있었다. 마지막으로, 마이예는 각 지역 **음판자카**의 비축분 중 일부—그는 대략 10분의 1 정도로 추정한다—가 라치밀라호의 창고가 있는 수도로 보내졌다고 명시하면서도, 이는 **음판자카** 자신의 재량에 달려 있는, 대체로 자발적인 시스템이었다고 강조한다.[49]

라치밀라호는 **음판자카** 혈통의 젊은이들 몇몇을 '전령'으로 곁에 두고, 또 개인 노예를 고용하여 비축물을 관리하기는 했지만, 이것이 [그가 운용했던] 관료집단 전부였던 것으로 보인다. 상설 족장 평의회도 없었고, 각 혈통집단이 왕정에 바치는 특정한 의례적 봉사에 따라 서열을 매기는 메리나의 **파놈포아나**fanompoana 체계 같은 것을 만들려 했다는 흔적도 없다. 씨족들은 서열화되지 않은 채 유지되었다. 앞서 언급했듯이 고고학자들은 정착지에서 위계질서에 대한 어떤 증거도 발견하지 못했다. 세 등급의 **음판자카** 체계는 더 이상 언급되지 않는다. 자피 이브라힘이나 다른 의례 전문가들이 체계적 인정이나 특권을 받았다는 흔적도 없다. 그들의 지위 강등은 영구적이었던 것으로 보인다.

물론 여기에는 하나의 예외가 있는데 그것은 바로 말라타—이후에는 자나-말라타—이다. 전쟁 후반에 라치밀라호는 당시 군 복무 연령에 이른 사람들이 자신들의 부대를 결성할 수 있도록 하고, 그들을 가능한 한 지휘관 자리에 배치하도록 신경 썼으며, 결정적으로는 계급으로서의 말라타를, 그 자신을 포함한 다른 베치미사라카인이라면 반드시 필요한 맹세에서 제외했다.[50] 이 마지막 조치는 매우 주목할 만하다. 이러한 맹세들이 실질적으로 정치사회를 구성했기에 [여기서 제외하는 것은] 말라타를 일종의 영구적인 이방인 귀족으로서 정치사회 바깥에 두는 것이기 때문이다.

시간이 흐를수록 이는 더욱 분명해졌다. 베치미사라카 연합의 창설이 해적들과 협력했던 여성들의 자기주장에 대한 일종의 남성적 반격이었다면, 말라타의 부상은 [그 반격에 대한] 재반격counter-riposte으로 간주될 수도 있을 것이다. 왕 자신의 시각이 아니라 그를 왕좌에 앉히기 위해 애썼던 사람들의 관점에서 사태를 바라볼 때 문제는 라치밀라호와 다른 말라타들을 실제로 구별할 만한 것이 별로 없다는 점이다. 그의 아버지는 평범한 선원이었고 어머니의 씨족도 다른 씨족보다 특별하지 않았다. 그가 물려받은 노획물은 인상적이었지만 유독 특별했다는 암시는 없으며, 어쨌든, 전쟁이 끝날 무렵, 그는 거의 모든 노획물을 내놓았다.

다른 말라타 아이들이 나이를 먹어가자 그들의 어머니

나 모계 친족들은 아이들을 라치밀리호에 필적하는 인물로 만들기 위해 최선을 다한 것으로 보인다. 총과 노예, 외국에서 온 사치품에 둘러싸여 있으며, 외국 무역상인 및 다른 방문객들과 친분을 맺고 교류할 수 있는 대담한 전사들로 만들기 위해서 말이다. 이는 1730년대 코씨니 같은 방문객들이 남긴 혼란스러운 기록, 즉 라치밀라호는 여러 말라타 수장들 중 한 명이었을 뿐이라는 주장을 해명해줄 수 있을 것이다. 또한 어쩌면 라치밀라호가 다우닝 제독에게 농담 삼아 자신의 아버지가 모든 해적들 중 가장 유명하다고 암시한 이유 또한 설명할 수 있을 것이다.

말라타의 어머니들은 또한 자녀들이 다른 말라타와만 결혼하게 하려고 최선을 다한 것으로 보인다. 이는 물론 아주 중요했다. 바로 이것이 전쟁 초기에 존재했던 이질적이고 다양한 십대 무리를 하나의 실제적인 사회 계급으로 전환시켰기 때문이다. 이들은 자나-말라타('말라타의 아이들'), 그리고 결국에는 자피-말라타('말라타의 손자들')가 되었고 오늘날에도 여전히 그렇게 불린다. 이 집단의 후속 역사는[51] 미래의 연구를 위한 커다란 잠재성을 가진 분야인데, 어떤 이유에서인지 누구 하나 자나-말라타들 사이에서 체계적인 민족지학적 연구를 수행하거나 그들의 구전 전통을 수집하려 하지 않는다.

하지만 (다소 수치스럽게도) 우리에게 남아 있는 가장 상세한 자료인 알프레드 그랑디디에의 《마다가스카르 민족지 Ethnographie de Madagascar》에 따르면, 자나-말라타의 개별 혈통들은 점차 대부분의 베치미사라카 **타리키** 즉 씨족들 내에서 지배적인 혈통으로 자리를 잡아갔다.[52] 그와 동시에 자나-말라타는 전체적으로 스스로를 베치미사라카인들과 구별 짓기 위해 마음을 썼고, 전형적인 베치미사라카 삶의 어떤 측면을 과시적으로 거부함으로써 자신들을 차별화했다. 이를테면 이들은 밭에서 일할 때 전형적인 성역할을 거부하거나[53] 남자아이들의 할례 의식을 행하지 않았으며,[54] 망자들의 시신을 곧바로 가족 묘지에 안치함으로써 임시 매장 관습을 거부했다.*[55] 달리 말하면, 각 지역 집단은 자신들만의 이방인 군주 계급을 갖게 되었다. 이들은 내가 명명했듯이 '내부의 외부자', 즉 말라가시인 이웃들에게는 외국인이지만 외국인들에게는 말라가시인인 사람들이었다.

---

* 실라는 할례의 거부에 대해 언급하면서("Les Malata"), 그것을 해적들의 모든 후손들에 전형적으로 나타나는 특징으로 간주했다. 그리고 블로흐Bloch가 이런 해석을 받아들여("Questions historiques") 자나-말라타들은 본질적으로 부계제를 거부하고 '축복을 통한 모계적 결속'을 통해서만 친족을 만들어갔다는 주장을 펼쳤다(다음 자료도 참조하라. Mouzard, "Territoire, trajectoire, réseau," etc.). 하지만 사실 그랑디디에의 원문은 훨씬 조심스럽다. 그는 단지 몇몇 혈통들(자피라베, 자피음발라, 자핀드라미소아, 그리고 안톤길과 페네리브 주변에 있는 몇몇 다른 혈통들)만을 나열하고 있다(Mouzard, "Territoire, trajectoire, réseau"). 이 목록은 다소 이상한데, 마지막에 나열된 그룹이 원래 자나-말라타가 아니었고 라치밀라호 어머니의 혈통이었기 때문이다.

✕✕✕

역설적이게도 이 작은 이방인-군주들[귀족들]의 증가는 실제로 [이들을 둘러싸고 있는] 더 큰 사회의 평등주의를 약화시키기보다 오히려 강화시키는 효과를 가져온 것처럼 보인다. 원래 정치 결사체 이름이었던 '베치미사라카'는 전체 인민people의 이름으로 받아들여졌다(나는 여기서 '피플people'을 이중의 의미로 사용하고 있다. 다른 곳에서처럼 마다가스카르에서도 한편으로 그것은 모든 사람everyone을 가리키지만, 그 밖의 모든 사람everyone else을 가리키기도 한다. 즉 전체 인구를 가리키는 동시에 더 구체적으로는 엘리트 계층에 속하지 않은 이들을 지칭한다*). 해적의 후손들이 평범한 인민들과 스스로를 구분지으려 하자, 이번에는 점차 자신을 베치미사라카 인으로 간주하게 된 사람들이 스스로를 해적의 후손에 맞서는 사람들로 정의하는 어떤 분열생성schismogenesis 과정이 있었던 것으로 보인다.

예컨대 실라Sylla에 따르면,[56] 많은 자나-말라타들이 황소를 도살할 때 외부에서 의례 전문가—이 경우에는 자피 이

---

* '피플'이라는 단어에 대한 그레이버의 용법, 즉 '전체 인구'를 지칭하면서 동시에 '엘리트 계층을 제외한다'라는 취지를 살려, 이 책에서는 맥락상 문제가 없는 한 대체로 '피플'을 '인민'이라는 말로 옮겼다. 《표준국어대사전》에 따르면 '인민'은 "국가나 사회를 구성하고 있는 사람들"로서 "대체로 지배자에 대한 피지배자를 이르는" 말이다.—옮긴이

브라힘이 아니라 자피라미니아—를 불러오는 풍습으로 돌아가기 시작했고, 그런 의례적 처리를 받지 않은 고기를 거부했다고 한다. 베치미사라카인들은 이와 대조되는 방식으로 각각의 하위 혈통이 **탕갈라메나**tangalamena라고 불리는 장로를 뽑는 독특한 풍습을 발전시킨 것은 이에 대한 반응이었던 것 같다. 순수 현지인인 탕갈라메나는 산 자와 죽은 자 사이의 의례적 중재자로, 특히 소를 희생물로 바치는 일을 전문으로 했다.[57] 같은 일들이 일상적 처신의 더 미묘한 수준에서도 일어난 듯하다. 여행자들의 기록에 자나-말라타 소小군주들의 오만함과 자의적인 폭정이 강조되기 시작하면서, 베치미사라카인들의 내적인 상냥함과 온화함, 자신을 내세우지 않는 겸손함에 대한 칭송도 늘어난다.

마다가스카르에서는 상상적 형태의 절대 권력의 부차적 효과로 평등주의가 생산되는 것이 매우 흔한 원칙이다. 메리나의 왕인 안드리아남포이니메리나Andrianampoinimerina는 자기 신민들이 모두 자신에게 복종하기 때문에 그들끼리는 서로 평등하다고 말하곤 했다. 제라드 알타브Gérard Althabe는[58] 식민지 시기 베치미사라카 마을들에서 이러한 역학이 어떻게 작동했는지에 대해 광범위하게 서술했다. 이를테면 트롬바 의식에서 죽은 왕들을 소환하는 것을 통해 이런 역학이 발생하는 것에 대해서 말이다. 베치미사라카인들이 자나-말라타들과 맺는 관계에서도 비슷한 일이 일어난 것으로 보인다. 자나-말라타들과의 관계에서 모든 사람은 실질적으로 평등하다. 그리고 시간이 흐를수록, 이러한 평등은 그 자체로 점점 더 가치 있는 것이 되었다.

끝으로, 자나-말라타의 지위가 그들이 가진 부와 먼 나라들과의 연줄에 기반해 있다는 사실, 그리고 이것이 그들 사이의 차별화를 위한 기반을 거의 제공하지 못했다는 사실은 라치밀라호 왕실의 정당성에 불길한 딜레마를 만들어냈다. 라치밀라호의 개인적 카리스마는 그의 생전에 체제를 유지하기에 충분해 보였지만, 자신의 지위를 자식들에게 물려주는 것이 극도로 어려울 것임을 그는 잘 알고 있었던 것 같다. 그가 찾은 해법은—마셜 살린스가 '상향 귀족화upwards nobility'라고 부른 위대한 전통에 따라—먼 나라에서 온 신비한 힘의 새로운 원천으로 돌아가 결혼하는 것이었다. 라치밀라호는 자신이 이전에 왕의 보좌관으로 일했던 보이나의 사칼라바 왕실과 화려한 혼인 동맹을 성사시켰다. 이로써 그의 아들이자 후계자는 서로 다른 두 왕조의 후손임을 주장할 수 있게 되었다.

그는 딸인 베티아Betia가 다른 말라가시인, 심지어 같은 말라타 출신과도 잠자리 갖는 것을 금지했지만, 왕실에 방문한 유럽인과 관계를 맺는 것은 열렬히 부추겼다.* 두 프로젝트는 모두 비참한 실패로 끝났다. 라치밀라호의 첫 번째 아내였던 사칼라바 공주 마타비는 성적 자유에 대한 일반적인 권리들을 추문으로 여겨질 정도로 행사함으로써, 자신이 본질적으로 가짜 왕실과 가짜 왕국이라고 느낀 이곳에 대한 자신의 경멸을 빠르게 드러냈다. 이는 그들의 아들이자 후계자인 자나하리의 정통성을 훼손한 것으로 전해진다. [어머니인 마타비의 성적 방종으로 인해] 거의 아무라도 자나하리의 실제 아버지일 수 있다고 추측되었기 때문이다. 베티아는 결국 프랑스인 상병이자 동인도 회사의 대리인으로 알려진 라 비고뉴La Bigorne와 미친 듯이 사랑에 빠졌는데, 그는 베티아의 맹목적인 헌신을 이용해 왕국의 안정성을 모든 측면에서 허물어뜨렸다.

결국 라치밀라호는 방탕한 생활과 음주로 죽었다고 전해진다. 그의 죽음 후 그를 독살한 책임이 누구에게 있는지를 둘러싸고 아내들과 첩들 사이에 치명적인 갈등의 비바람이 몰아쳤다.[59] 너저분한 결말이었던 것 같다. 하지만 그의 통치 기간은 그것이 어떠했든 황금시대로 기억되고 있다. 그의 동료들과 동맹자들이 분권화된 가짜 왕국을 세우며 어떤 배치들을 만들어냈든, 그 배치들은 30년 동안 그 나라의 전반적인 평화와 번영을 유지하고, 베치미사라카를 노예무역의 약탈로부터 광범위하게 보호하는 데 성공했던 것으로 보인다.

---

* 베티아는 베치미사라카의 여왕이었으며, 라치밀라호와 사칼라바 공주인 보이나의 마마디온 사이의 딸이다.("Madagascar: Hommage a la Reine Betty a Vacoas," *L'Express Maurice*)

이 모든 것은 (데샹과 같은 식민주의적 역사학자가 말하는 것처럼) 그들이 근대 국민 국가 같은 것을 창설했기 때문이 아니라, 정확히 그렇게 하지 않았기 때문이다. 만약 이것이 역사적 실험이었다면, 그 실험은 적어도 한동안은 놀랍도록 성공적이었다.

결론

그들의 대화가
세상을 바꾸었다

신과 인간은 결코 뗄 수 없는 동반자였다. 어느 날 신이 인간에게 말했다. "잠시 지상을 거닐며 우리가 나눌 새로운 대화 주제를 찾아보지 않겠느냐?"
— 어느 말라가시 민담의 첫 부분[1]

나는 17세기와 18세기의 세계가 우리가 통상적으로 상상하는 것보다 훨씬 더 광범위한 지적인 발효과정ferment으로 특징지어진다고 주장하며 이 책을 시작했다. 우리가 '계몽주의 사상'이라 부르는 것이 활짝 개화한 것은 파리, 에든버러, 쾨니히스베르크, 필라델피아와 같은 도시들에서였을지 모르지만, 그것은 전 세계를 종횡무진했던 대화와 논쟁, 사회적 실험들의 산물이었다. 대서양, 태평양, 인도양의 해양 세계들은 이 모든 과정에서 특별한 역할을 했는데, 가장 활발한 대화가 이루어졌을 곳이 바로 배 위와 항구 도시들이었기 때문이다.

물론 이 모든 것의 99퍼센트는 영원히 우리에게서 유실되었다. 1720년 랜터베이에 정착한 해적들이 정말로 (크리스토퍼 힐의 주장처럼) 랜터 교도인 에비저 코프Abiezer Coppe의 1649년 저작 《격분해서 날아가는 두루마리Fiery Flying Roule》의 영향을 받았을까? 우리는 알 길이 없다. 마찬가지로 생트마리에서 최초의 해적들을 맞이했던 자피 이브라힘은 정말 그들의 주장처럼 예멘 유대인의 후손이었을까? 해안 지역의 신성 개념은 진짜로 이슬람 영지주의 계통의 영향을 받았을까? 우리는 이 또한 결코 알 수 없을 것이다.

하지만 우리는 구체적인 것들만을 모를 뿐이다. 인도양의 세계와 그 너머로부터 마다가스카르로, 사람들과 물건들, 사상들이 정기적으로 흘러들어왔다는 것을 믿을 만한 이유는 충분하다. 그리고 이 섬이 오랫동안 정치적 망명자들, 종교적 이단자들, 모험가들, 그리고 온갖 종류의 괴짜들이 피난처로 삼을만한 장소였다는 것도 말이다. 이어지는 마다가스카르 역사는 이것이 실제임을 보여준다.

이 새로운 이주자들은 마다가스카르에 도착한 후 매우 많은 시간을 원래 그곳에 살고 있던 사람들과 대화[집담] conversations를* 나누는 데 보냈다. 대화라는 것이 언제 어디서든 인간 활동의 핵심 형태 중 하나이기 때문만은 아니었다고 자신 있게 말할 수 있다. 물론 역사를 통틀어 모든 인간은 일하고, 놀고, 쉬고, 토론하는 데 대부분 시간을 보내왔지만, 마다가스카르에서는 특히 대화의 기술이 매우 높이 평가되었다. 마이예가 언급했듯이 "소문을 좋아하고 시간에 구애받지 않는 이 흥미로운 사람들에게는 모든 것이 **카바리**의 소재가 된다."[2] 그리고 여기서는 공식적인 모임과 가족이나 친구들의 일상적인 모임 사이에 매우 강한 연속성이 존재한다. 실제로 토론과 논쟁, 재치, 이야기하기, 우아한 수사의 즐거움은 그들의 문화에서 누구에게나 매력적으로 여겨지는 것이며, 그렇게 여길만한 것으로 간주된다. 또한 이는 종종 언어를 충분히 잘 배우는 외국인들에게도 마찬가지 효과를 발휘한다.

1729년 런던에서 《마다가스카르: 혹은 그 섬에서 15년간 포로로 지낸 로버트 드루리의 일기Madagascar; or, Robert Drury's Journal, During Fifteen Years' Captivity on That Island》라는 책이 출간되었는데, 이 책은 마다가스카르 남쪽에서 난파된 후 여러 해 동안 노예 생활을 한 것으로 알려진 영국 소년 선원 이야

---

* 여기서 '대화'로 옮긴 'conversation'은 말 그대로 여러 사람들이 함께(con-) 말을 나누는 것(-versation)을 뜻한다. 일상의 소소한 이야기로 잡담하는 것에서부터 중요한 문제를 두고 토론하는 것까지 사람들이 함께 떠들어대는 것이다. 서로 마주하는 두 개의 말, 두 개의 논리를 뜻하는 'dialogue'(이를테면, 소크라테스식 대화[변증술])와는 다르다.—옮긴이

기를 담고 있었다. 역사가들은 오랫동안 이 책의 위작 여부를 두고 논쟁했다. 몇몇은 실제 저자가 다니엘 디포라고까지 주장했다. 고고학자 마이크 파커 피어슨Mike Parker Pearson은 [3] 이 책의 수많은 지리적 세부 사항들이 그 지역에서 실제 살지 않았던 사람으로서는 알 수 없을 만큼 정확하다는 점을 입증함으로써 마침내 이 문제를 해결했다.

나는 1991년 마다가스카르에서 돌아온 직후 이 책을 읽었는데, 이 책 내용이 진짜라는 것을 바로 확신했다. 저자가 자신의 말라가시 아내의 매력을 언급하면서 그녀와의 "유쾌한 대화"를[4] 두드러지게 언급했고, 또 자기 쪽 사람들에게 돌아왔을 때 유럽 여성들이 대화하기에 그만큼 흥미롭지 않았다는 실망감을 기록한 것을 발견한 순간에 그랬다.[5] 이는 마다가스카르에 가본 적이 없는 영국 작가가 지어낼 수 있는 종류의 것이 아니다. 나는 보자마자 그 내용에 공감했다. 마다가스카르에서 성적 매력과 대화 기술은 깊이 얽혀 있는 것으로 여겨졌으며, 이것들은 말라가시 문화를 본질적으로 매력적인 것으로 만드는 특질로 간주되었다.

이 모든 것이 중요한 이유는 말라가시 문화의 기원이 여전히 수수께끼로 남아 있기 때문이다. 한때는 보르네오에서 온 화전 농민이라는 단일 인구가 이 섬에 정착했고, 그들이 섬 전체로 퍼져나가면서 아프리카에서 온 후속 이민자들을 점차 통합한 것으로 여겨졌다. 현재의 고고학은[6] 그보다 훨씬 더 복잡한 그림을 보여준다. 단일한 동질 인구가 퍼져나가며 분화된 것이 아니라, 말레이 상인들과 그들의 하인들, 스와힐리 도시 주민들, 동아프리카 목축민들, 다양한 난민들, 도망친 노예들처럼 애당초 서로 공통점이 거의 없는 다양한 집단들이 정착했고, 거주 초기 수 세기 동안 그들은 대체로 독립적으로 살았으며, 어떤 의미에서도 단일한 사회를 구성하지 않았던 것으로 보인다. 어느 시점에서, 아마도 11세기나 12세기경에 어떤 형태의 통합이 일어났고, 현재 우리가 말라가시 문화의 전형으로 여기는 패턴과 형태 대부분이 나타나 섬 전체로 퍼지기 시작했다. 이 새로운 문화망cultural grid은 놀랄 만큼 성공적이었다. 몇 세기 내에 우리는 오늘날과 다름없는, 다음과 같은 상황을 발견하게 된다. 끝없이 다양한 생태계들이 가득한 거대한 섬에서, 주민들은 동일한 언어에서 변형된 언어들을 사용하고, 그들이 들려주는 이야기 또한 같은 이야기의 변형들이다. 생활주기 의례 또한 동일한 의례를 다양하게 변형한 것이며, 그밖에도 하나의 인식 가능한 문화망을 각 지역에서 수천 가지 방식으로 구현하며 살고 있다.

우리는 어떻게 이런 일이 일어났는지 모른다. 이는 분명 어떤 의식적인 정치 프로젝트, 적어도 하향식 정치 프로젝트의 결과는 아니었다. 당시의 어떤 통치자도 섬을 통합할 만한 수단을 가지고 있지 않았으며, 하물며 인민들에게 균질한 문화를 강요하는 것은 불가능했다. 이는 오히려 항구 도시의 에토스—왕실 생활과 유일신 숭배—에 대한 광범위한 거부에 기초한 것으로 보인다.[7] 그때나 지금이나 말라가시 사람이 된다는 것은 바다를 건너온 외국인들의 방식에 대한 명시적인 거부로 여겨졌다. 우리는 이 새로운 문화망이 어떻게 길이 천 마일에 달하는 섬에 살고 있는 대부분 사람들을 엮어넣게 되었는지 알지 못하지만, 그것이 어떻게 벌어졌건 간에, 성性과 집단적 대화가 중심적인 역할을 했음이 틀림없다.

그리고 이는 계속 이어져 오고 있다. 아마도 지금까지 천년 동안 외국인 방문자들이 마다가스카르에 도착했고 효과적으로 흡수되었다. 모두가 그런 것은 아니다. 일부는 잠시 머물다 떠났고, 일부는 안탈라오트라처럼 고립된 작은 집단을 유지했다. 하지만 대다수는 말라가시 사람이 되었고 그들의 후손은 이제 거의 모든 면에서 다른 이들과 구별되지 않는다. 다시 말하지만, 우리는 이러한 과정을 가능케 한 역사적 역동성을 완전히 이해하지 못한다. 이를테면 이주민들은 마다가스카르의 소위 '민족 집단' 형성에 중요한 역할을 한 것으로 보인다. 하지만 그 방식은 우리가 생각하는 것과 달랐다.

섬 전체를 통틀어 언어적 변이가 미미하기 때문에, 집단 간의 차이는 대개 지리적으로 규정되거나 ('모래 사람들' '숲 거주자들' '어부들' 등), 특정한 내부의 외부자 계층에 대항하여 스스로를 규정하는 방식으로 자신을 정의하는 집단을 지칭한다. 예컨대 코란도 없이 아랍 문자로 쓰인 말라가시어 마법 교과서만 가지고 있으면서도 자신들이 무슬림이라고 주장했던 안테모로 사제-왕들이나, 보이나와 메나베의 사칼라바 왕국들을 건설한 모험가들의 왕조 같은 내부의 외부자 계층 말이다.[8] 이러한 집단들은 이들에 대항하여 자신을 규정함으로써 하나의 인민이 된 사람들에게 언제나 이방인으로 여겨졌다. 자핌볼라메나 왕조를 섬긴 모든 이들은 자신들을 사칼라바로 여겼다. 그들이 어떤 시점에는 크고 작은 많은 왕국들로 나뉘어 있었고 통치자들이 사칼라바가 아니었음에도 불구하고 말이다. 자나-말라타와 함께 살면서 그들에 대항하여 자신들을 정의한 모든 이들은 베치미사라카였다. 비록 자나-말라타는 자신들을 베치미사라카로 여기지 않았지만 말이다.

✕ ✕ ✕

이 모든 사실은 마다가스카르가 계몽주의적 정치 실험의 터전으로는 매우 부적절해 보이도록 만들 수 있다. 이렇게 많은 외부인들이 이 새롭게 등장한 말라가시 문화—말라가시 사람들은 지금도 이 문화의 매력을 자랑스러워한다—에 매혹되어 효과적으로 통합되었다는 사실 때문에 이 문화망이 자신과 마주친 모든 차이를 단순히 말살했다고 생각해서는 안 된다. 말라가시의 공동체들은 그들 나름의 방식으로 매우 세계주의적이었다. 우리는 자바Java에서 오만Oman에 이르기까지 인도양 전역에서 온 사람들이 마다가스카르를 여행했고, 따라서 그곳에서 만난 사람들과 무수히 긴 대화를 나누었을 것이며, 여행에서 돌아온 말라가시 사람들 또한 마찬가지였다는 것을 알고 있다. 물론 이 모든 대화들은 거의 전부 사라져 버렸다. 우리에게 남은 것은 기껏해야 가장 모호하고 불확실한 흔적에 불과하다. 대부분은 그마저도 없다. 우리는 단지 그러한 일이 틀림없이 일어났음을 알 수 있을 뿐이다.

이 책을 통해 내가 정말로 하고자 했던 것은 바로 이러한 관점에서 마다가스카르 해적들의 역사와 베치미사라카의 부상을 다시 고찰하는 것이다. 해적선들은 대담하고 공포스러운 이야기로 자신들을 에워쌌다. 그러한 이야기들로 단단히 무장하고 갑옷을 입혔다고까지 말할 수 있다. 하지만 배위에서는 대화와 숙의, 토론을 통해 일을 처리한 것으로 보인다. 생트마리와 특히 암보나볼라 같은 정착지는 그러한 모델을 육지에서 재현하려는 의식적인 시도였던 것 같다. 이곳에서는 잠재적인 외국 친구나 적들을 겁주기 위한 해적 왕국들의 거친 이야기들이, 내부에서 벌어진 수평적인 숙의 과정의 신중한 발전과 맞물려 있었다.

하지만 해적들이 정착하고, 야심 찬 말라가시 여성들과

동맹을 맺고, 가정을 꾸리는 바로 그 과정이 그들을 전혀 다른 대화적 세계로 끌어들였다. 이것이 내가 주장하는, 말라가시 공주들이 사랑의 마법(**오디 피티아**)을 사용해 해적들을 육지로 유혹했다는 이야기의 진정한 의미이다. 말라가시 공동체의 삶으로 끌려들어 간다는 것은 감추어진 힘과 의도에 대한 끝없는 토론, 추측, 논쟁의 세계로의 필연적인 휘말림을 의미했고, 이 새로운 담론적 우주에서 현지 여성들은 분명 우위를 점하고 있었다(그리고 물론, 머빈 브라운이 지적했듯이, 만약 어떤 해적이 대화의 세계에서 벗어나 단순한 폭력에 의지하려 했다면, 그를 죽여버리는 것은 너무나도 쉬웠을 것이다).

이것이, 그다음에는, 많은 말라가시 남성들로 하여금 자신들만의 자율적인 대화 영역을 만들게 했다. 여성들을 완전히 배제하려 한 그 위대한 **카바리** 말이다. 내가 강조했듯이 우리는 이 남성들이 정말 누구였는지, 그들의 이름과 역사를 알지 못한다. 주도적 인물들은 젊었지만 더 넓은 세계에 대해 잘 알고 있었던 것으로 보인다. 일부는 런던과 봄베이에 가본 적이 있었다. 많은 이들이 아마도 최소한 기초적인 프랑스어나 영어를 구사했을 것이며, 일부는 다른 언어들(아랍어, 스와힐리어 등)도 조금씩 알고 있었을 것이다. 일부는 읽고 쓸 줄도 알았을 것이다. 한 가지 확실한 것은 그들 대부분이 현역이나 은퇴한 해적들과 장시간 대화를 나누고, 다른 이들의 동기를 추측하며, 돈, 법, 사랑, 전쟁, 정치, 조직화된 종교에 대한 견해를 교환했다는 것이다. 그들에겐 해적들의 일 처리 방식과 관행을 관찰하고 이를 자신들에게 더 친숙한 다른 방식들과 비교할 수 있는 기회 또한 충분했다. 오직 전투 중에만 실제로 명령을 내릴 수 있는 허울뿐인 독재자를 중심에 두되, 해적의 맹세, 민주적 의사결정이 있는 연합의 구조는 무엇보다도 그러한 대화들로부터 출현했다.

암보나볼라 같은 정착지에서 벌어진 해적들의 실험이 그러했듯이, 베치미사라카 연합 또한 적어도 부분적으로는 외부인에게 인상을 남기기 위해 설계되었다. 책 말미 부록에 실린 연표를 살펴보는 것만으로도 충분하다. 이 연합이 형성된 것은 실제로 프랑스와 영국에서 해적 왕국들과 해적 유토피아들이 가장 열렬히 논의되던 순간과 정확히 일치했다. 연합은 1712년에 처음 만들어졌는데, 이는 헨리 에이버리의 부하들이 마다가스카르에 왕국을 세운다는 환상을 다룬 찰스 존슨의 연극 〈성공한 해적The Successful Pyrate〉이 런던에서 초연된 해이기도 했다. 이는 홉스와 로크의 원형적-계몽주의 왕국 기원의 사상을 대중 관객들 앞에서 선보인 최초의 연극으로 널리 알려져 있다. 마다가스카르의 전쟁은 1720년에 끝났는데, 이는 다니엘 디포가 에이버리에 관한 자신의 책을 출간한 해였으며, 몽테스키외가 프랑스 계몽주의 사상의 첫 주요 저작으로 여겨지는 《페르시아인의 편지》를 출판하기 1년 전이었다. 해적 사절들—혹은 해적의 사절이라고 사칭하는 사람들—이 동맹을 구하러 유럽의 왕들에게 접근한 것은 바로 이 일련의 전쟁들이 진행되는 시기였다.

이 모든 것들이 유럽 전역에서 대화 소재가 되었을까? 분명히 그랬다. 계몽주의가 대화라는 형식과 독특하게 연결된 지적 운동이었다는 점 또한 기억해야 한다. 이는 계몽주의 사상이 등장한 것이 살롱과 커피하우스였다는 사실 뿐만 아니라, 그 사상이 발전시킨 것이—특히 프랑스에서—마치 그 어떤 골치 아픈 사회적, 지적 문제들도 지적인 토론의 명징한 빛으로 녹여버릴 수 있다는 믿음에 의해 추진된 것 같은 위트 넘치고 가벼우며 대화적인 산문 스타일이었다는 점에서도 그러하다. 루이 15세 시대 파리의 살롱들에서 해적 왕국과 해적 유토피아들이 논의되고 있었을까? 그렇지 않다고 상상하기는 어렵다. 당시 그것들은 사실상 어디에서나 논의되고 있었기 때문이다. 그 토론들은 그 살롱들에 참석한 일군의 사람들이 자유, 권위, 주권, 그리고 '인민'의 본질에 대해 자신들이 도달한 (그들에게는) 혁명적인 결론에 어떤 영향을 미쳤을까? 우리는 그저 추측할 수 있을 뿐이다.

내가 이 책에서 하려 했던 것은, 지금까지 우리가 이런 질문을 던져본 적조차 없었다는 사실을 지적하고자 했을 뿐이다. 우리는 그렇게 하는 것을 거의 불가능하게 만드는 이론적 언어를 구축해왔다. 하지만 내가 이미 주장했듯이,[9] 정치적 행위에 대한 최고의 정의가 다른 이들, 적어도 그중 일부는 그 당시 거기 없는 이들에게 영향을 미치는 행위라고 한다면, 즉 이야기되고, 서술되고, 노래되고, 그려지고, 쓰이는 등의 방식으로 재현됨으로써 다른 이들에게 영향을 미치는 행위라고 한다면, 18세기 전환기 마다가스카르 북동부 해안의 해적들, 여성 상인들, 그리고 **음판자카**들은 그 용어의 가장 완전한 의미에서 세계적 정치 행위자들이었다.

해적과 계몽주의 연표

마다가스카르에서 일어난 일	유럽에서 일어난 일
1690_프레데릭 필립스Frederick Philipse가 애덤 볼드리지가 지배하는 마다가스카르 생트마리에 식민지 건설을 후원하다(볼드리지는 7월 17일 도착했다).	**1690**_존 로크의 《통치론》 출간.
1693_토마스 튜가 애머티호를 타고 마다가스카르에 도착하다(10월 19일).	
1694_헨리 에이버리가 찰스호(나중에 팬시호로 개명)에서 일어난 선상 반란을 이끈 후 선장으로 선출되고 마다가스카르에 진출하다.	
1695_헨리 에이버리와 토마스 튜 해적단이 파테 무함메드호와 강이사와이호를 나포하다. 무굴제국의 주장에 따르면, 이들은 60만 파운드 상당의 재물을 약탈하다. 튜가 이 전투에서 사망하다.	
1696_해적들을 소탕하기 위해 파견된 윌리엄 키드William Kidd 선장이 해적이 되어, 어드벤처 갤러리호에 승선할 선원들을 모으기 위해 생트마리에 나타나다. _로버트 컬리포드Robert Culliford가 마다가스카르를 거점으로 삼고, 인도양의 선박들을 습격하다. _안타노시 왕국의 유산이 해적 아브라함 사무엘 세력의 수중에 떨어지다.	**1696**_헨리 에이버리, '인류의 적'으로 선포되고, 세계 최초로 국제적인 인간 사냥이 시작되다.
1697_연말에 일어난 봉기로 생트마리 요새가 파괴되고 몇 개의 정착지가 공격받다. 볼드리지, 아메리카로 달아나다.	

마다가스카르에서 일어난 일	유럽에서 일어난 일
1698_에드워드 웰시Edward Welsh가 볼드리지의 후계자로 생트마리에 도착하다. _윌리엄 키드가 아르메니아 상선 케다흐 머천트호를 나포하다.	**1698**_동인도법령이 통과되고, 영국이 마다가스카르에 거점을 둔 해적들을 제압하기 위해 원정대를 파견하다.
1699_나다니엘 노스가 돌핀호의 항해장으로 선출되다.	
1700_존슨의 《해적들의 일반 역사》(1724)에 따르면, 미송 선장이 리베르탈리아를 설립한 것으로 추정.	
	1701_윌리엄 키드 선장에 대한 공개재판과 처형이 이루어지다.
1703_나다니엘 노스가 암보나볼라에 정착하고 마다가스카르 '해적들의 선장'으로 선출되다.	**1703**_두 척의 영국 군함이 말라가시 연안을 수색해 해적 활동을 찾으려 했으나 아무것도 발견하지 못하다.
1704_토마스 화이트가 마다가스카르에 거점을 두고 홍해를 지나는 선박들을 약탈하다.	
1705_찰스호가 마다가스카르로 항해하다. 존 핼시John Halsey가 선장으로 선출되다. _케이프 콜로니 보고서에서 마다가스카르에 거주하는 해적을 830명가량으로 추정하다.	
1707_나다니엘 노스가 찰스호 항해장으로 선출되어 잠시 바다로 돌아가다. _토마스 화이트가 과도한 음주로 마다가스카르에서 사망하다.	**1707**_헨리 에이버리에 관한 다니엘 디포의 첫 번째 글이 《리뷰》에 게재되다.

마다가스카르에서 일어난 일	유럽에서 일어난 일
1709_나다니엘 노스가 암보나볼라에 돌아오다.	1709_《현재 마다가스카르를 소유하고 있는 존 에이버리 선장의 삶과 모험》이 런던에 등장하다. 이 책은 에이버리가 무굴 황제의 딸과 결혼했다고 쓰고 있다.
1710_케이프 콜로니 보고서에 따르면, 단지 60~70명의 "비참하고 추악한" 해적들만이 마다가스카르에 남아 있다. _라망가노가 치코아 연합의 수장으로 선출되다.	
1712_라치밀라호가 베치미사라카 연합을 창설하다. 치코와 연합과의 첫 번째 전투.	1712_'해적 사절단'이 프랑스 루이 14세에게 접근했으나 성공을 거두지 못하다. _마다가스카르의 헨리 에이버리 왕국에 대한 찰스 존슨의 연극 〈성공한 해적〉이 런던에서 개막하다. 이 연극은 청중들 앞에서 계몽주의적 자유 개념을 퍼뜨리다.
	1714_조세프 주마르Josef Joumard가 네덜란드 정부에 자신은 10만 명의 해적을 대표한다고 주장하고 지원을 요청했지만 실패하다.
1715_존 플랜틴이 랜터베이에 정착하다. _네덜란드 상인들이 보이나에서 사칼라바의 왕 토아카포의 부관인 라치밀라호를 만나다.	1715_파리에서 텅상 부인Mme Tencin의 계몽주의 살롱이 문을 연 것으로 추정되는 시기. _'해적 사절단'이 오스만제국과 러시아 왕실에 접근하다.
1716_라치밀라호가 레위니옹의 통치자인 드 라 부르도네de la Bourdonnaye를 지원하기 위해 오다.	

마다가스카르에서 일어난 일	유럽에서 일어난 일
	1718_'해적 사절단'이 스웨덴 왕과 협상을 벌이다.
1719_해적 크리스토퍼 콘덴트Christopher Condent가 생트마리를 인도양에서의 활동을 위한 거점으로 삼다.	
1720_베치미사라카 연합을 설립하기 위한 전쟁이 끝나다. 라치밀라호가 암보나볼라/풀포인테에 '왕궁'을 세우다.	1720_다니엘 디포가 《해적왕》을 출간하다.
1721_생트마리의 해적 선장 라 부쉬la Bouche가 마다가스카르로 가는 항로에서 약탈을 일삼다. _영국 군함들이 마다가스카르에서 해적들의 안식처를 파괴하고, 프랑스 군함들은 모리셔스와 레위니옹에서 해적들의 안식처를 파괴하다.	1721_몽테스키외가 《페르시아인의 편지》를 출간하다.
1722_클레멘트 다우닝이 랜터베이에서 존 플랜틴과 그의 '장군'인 '물라토 톰'(라치밀라호)을 만나다. _드 라 갈라시에르가 동부 연안의 권력을 장악한 이가 라치밀라호라고 주장하다.	
	1724_찰스 존슨 선장(실제로는 다니엘 디포일 것이다)이 런던에서 《해적들의 일반 역사》를 출간하다. 이 책은 당대 주요 해적 선장들 모두에 대한 상세한 언급을 담은 최초의 작품이고, 리베르탈리아 이야기의 유일한 원천이기도 하다. 이 책은 이후 수 세기 동안 해적들의 라이프 스타일을 대중화하고 우상화하는 토대가 되었다.
1728_존 플랜틴이 마다가스카르에서 인도로 도망치다.	

마다가스카르에서 일어난 일	유럽에서 일어난 일
1733_코씨니가 안톤길만에서 '볼드리지 왕'을 만나다. 코씨니는 안톤길만에 볼드리지, 톰 치밀라호, 드 라 레이 등 세 명의 지역 맹주들이 있다고 주장했다.	1733_볼테르가 《철학편지》를 출간하다.
1734_안톤길 주변에서 사칼라바의 공격이 기록되다. 자핀드라베이Zafindrabay가 여기에 온 것으로 보인다.	
1736_프랑스인들이 안톤길에서 볼드리지 왕의 삼촌을 만나다. 라치밀라호가 사칼라바 공격에 맞서 지원군을 보내다.	
1740_프랑스 배의 선장들이 안톤길만에서의 저조한 무역과 자신들에 대한 공격에 대해 불평을 늘어놓다.	1740_흄이 《인간본성론》을 출간하다.
	1748_몽테스키외가 《법의 정신》을 출간하다.
1750_라치밀라호 사망.	
	1755_루소가 《인간 불평등 기원론》을 출간하다.

주

서론

1   Graeber, *Lost People*.

2   Graeber, *Lost People*, 353.

3   Markoff, "Where and When Was Democracy Invented?," 673n62.

4   Deschamps, *Les pirates à Madagascar*, 203.

5   Wright, "Early State Dynamics"; cf. Wright and Fanony, "L'évolution des systèmes d'occupation."

6   Carayon, *Histoire de l'Établissement Français*, 15–16.

1장 말라가시 북동부의 해적과 가짜왕들

1   예를 들어, Gosse, *The Pirates' Who's Who*; Baer, "Piracy Examined"; Baer, *Pirates of the British Isles*; Hill, *People and Ideas*; Rediker, *Between the Devil*; Perotin-Dumon, "The Pirate and the Emperor"; Cordingly, *Under the Black Flag*; Wilson, *Pirate Utopias*; Pennell, "Who Needs Pirate Heroes?"; Rogoziński, *Honor Among Thieves*; Konstam, *The Pirate Ship*;

Snelders, *The Devil's Anarchy*; Land, "Flying the Black Flag"; Leeson, *The Invisible Hook*; Kuhn, *Life Under the Jolly Roger*; Hasty, "Metamorphosis Afloat."를 참조하라.

2   Downing, *A Compendious History*, 97.

3   Downing, *A Compendious History*, 81.

4   Baer, "'Captain John Avery'"; Baer, *Pirates of the British Isles*, 91–117; López Lázaro, "Labour Disputes."

5   Wanner, "The Madagascar Pirates."

6   Filliot, *La traite des esclaves*; Barendse, "Slaving on the Malagasy Coast"; Barendse, *The Arabian Seas*; Vink, "The World's Oldest Trade"; Bialuschewski, "Pirates, Slaves, and the Indigenous Population in Madagascar"; Bialuschewski, "Black People Under the Black Flag."

7   Rochon, *Voyage to Madagascar*, 154.

8   Rochon, *Voyage to Madagascar*, 111.

9   Pearson, "Close Encounters," 401.

10 Brown, *Madagascar Rediscovered*, 96.

11 Linebaugh and Rediker, *The Many-Headed Hydra*, 184.

12 Perkins in Jameson, *Privateering and Piracy in the Colonial Period*; McDonald, *Pirates, Merchants, Settlers, and Slaves*, 89.

13 Nutting, "The Madagascar Connection."

14 Molet-Sauvaget, "La disparition du navire," 493n22.

15 Downing, *A Compendious History*, 114–15.

16 Downing, *A Compendious History*, 129.

17 Downing, *A Compendious History*, 128–29.

18 Downing, *A Compendious History*, 116.

19 Downing, *A Compendious History*, 126.

20 Ratsivalaka, "Elements de biography."

21 Cultru, *Un empereur de Madagascar*, 73; Benyowsky, *Voyages et mémoires*.

22 Ratsivalaka, "Elements de biography," 82.

23 Grandidier, *Histoire de la fondation*; Deschamps, *Les pirates à Madagascar*; Cabanes, "Guerre lignagière et guerre de traite."

24 예를 들어, Deschamps, *Les pirates à Madagascar*를 참조하라.

25 예를 들어, Cabanes, "Guerre lignagière et guerre de traite"를 참조하라.

2장 말라가시 관점에서 본 해적의 출현

1 Ottino, *Madagascar, les Comores*; Ottino, "Le Moyen-Age"; Ottino, *L'étrangère intime*.

2 Fagerang, *Une famille de dynasties malgaches*; Rajaonarimanana, *Savoirs arabico-malgaches*.

3 Julien, "Pages arabico-madecasses," 1–23, 57–83; Mondain, *L'histoire des tribus*, 5–91.

4 Rombaka, *Fomban-dRazana Antemoro*, 7–8.

5 Ottino, "La mythologie malgache"; Ottino, "Les Andriambahoaka malgaches"; Ottino, "L'ancienne succession"; Ottino, *L'étrangère intime*.

6 Flacourt, *Histoire de la Grande Isle*, 108.

불어 원문은 다음과 같다. Ceux que j'estime être venus les premiers, ce sont les Zafe-Ibrahim ou de la lignée d'Abraham, qui habitent l'isle de Sainte-Marie et les terres voisines, d'autant que, ayant usage de la circoncision, ils n'ont aucune tâche du Mahométisme, ne connaissent Mahomet ni ses califes, et réputent ses sectateurs pour Cafres et hommes sans loi, ne mangent point et ne contractent aucune alliance avec eux. Ils célèbrent et chôment le samedi, non le vendredi comme les Mores, et n'ont aucun nom semblable à ceux qu'ils portent, ce qui me fait croire que leurs ancêtres sont passés en cette isle dès les premières transmigrations des Juifs ou qu'ils sont descendus des plus anciennes familles des Ismaélites dès avant la captivité de Babylone ou de ceux qui pouvaient être restés dans l'Egypte environ la sortie des enfants d'Israël: ils ont retenu le nom de Moïse, d'Isaac, de Joseph, de Jacob et de Noé. Il en est peut-être venu quelques-uns des côtes d'Ethiopie.

7 Flacourt, *Histoire de la Grande Isle*, 30.

8 Grandidier, *Ethnographie*, vol. 4, bk. 1, 97.

9   Ferrand, "Les migrations musulmanes et juives à Madagascar," 411–15.

10 Ottino, *Madagascar, les Comores*, 35–36; Ottino, "Le Moyen-Age," 214–15.

11 Allibert, "Nouvelle hypothèse."

12 Sibree, *The Great African Island*, 108.

13 예를 들어, Aujas, "Essai sur l'histoire"; Lahady, *Le culte Betsimisaraka*; Rahatoka, "Pensée religieuse"; Mangalaza, *La poule de dieu*; Fanony, *Littérature orale malgache*, vols. 1–2; Nielssen, *Ritual Imagination*을 참조하라.

14 예를 들어, Rochon, *Voyage to Madagascar*, 29.를 참조하라.

15 Ottino, "Le Moyen-Age," 214.

16 Dellon, *Nouvelle relation d'un voyage*, 29.

17 Dellon, *Nouvelle relation d'un voyage*, 41.

18 Houtman in Grandidier, *Ethnographie*, vol. 4, bk. 2, 353n35.

19 Flacourt, *Histoire de la Grande Isle*, 137.

20 Ferrand, *Contes populaires Malgache*, 145–7.

21 Grandidier, *Ethnographie*, vol. 4, bk. 1, 10; Grandidier, *Ethnographie*, vol. 4, bk. 2, 137.

22 Brown, *Madagascar Rediscovered*, 98.

23 Sahlins, "The Stranger-King: Or Dumezil"; Sahlins, "On the Culture of Material Value."

24 예를 들어, Graeber, "Radical Alterity Is Just Another Way of Saying 'Reality,'" 1–41.을 참조하라.

25 Sahlins, "The Stranger-King: Or Dumezil," 119.

26 Sahlins, "The Stranger-King: Or Dumezil," 109, 125.

27 In Fox, *Pirates in Their Own Words*, 345.

28 In Fox, *Pirates in Their Own Words*, 178.

29 Cabanes, "Guerre lignagiere"; compare Esoavelomandroso, *La province maritime orientale*, 41–43, and Mangalaza, *La poule de dieu*, 22–25.

30 예를 들어, Cole, "Sacrifice, Narratives and Experience"; Cole, *Forget Colonialism?*을 참조하라.

31 Cabanes, "Guerre lignagière."

32 Flacourt, *Histoire de la Grande Isle*, 23.

33 Cabanes, "Guerre lignagière."

34 Clastres, *Archéologie de la violence.*

35 Mayeur, "Histoire de Ratsimilaho," 200.

36 Cabanes, "Guerre lignagière."

37 예를 들어, Fanony, *Fasina*.를 참조하라.

38 Mayeur, "Histoire de Ratsimilaho," 293.

   원문은 다음과 같다. "Jeunes gens choisis dans la famille des Pandzacas
   de premier, seconde et troisième classe."

39 Mayeur, "Histoire de Ratsimilaho," 197, 214, 223–24.

40 Gentil de la Galaisière, *Voyage dans les mers*, 537.

41 Downing, *A Compendious History*, 92–93.

42 Bois, "Tamatave, la cité des femmes," 3–5; Rantoandro, "Hommes et
   réseaux Malata," 109–10.

43 Leguével de Lacombe, *Voyage à Madagascar*, vol. 1, 96.

44 Leguével de Lacombe, *Voyage à Madagascar*, 179–82.

45 Renel, *Contes de Madagascar*, 201.

46 Graeber, "Love Magic and Political Morality"; cf. Fanony, "Le sorcier
   maléfique."

47 Cole, "The Jaombilo of Tamatave," 895; cf. Cole, "Fresh Contact in
   Tamatave," and Cole, "Love, Money and Economies."

48 Valette, "Note sur une coutume"; Bois, "Tamatave, la cité des femmes";
   Rantoandro, "Hommes et réseaux Malata," 108–12.

49 Rondeau in Rantoandro, "Hommes et réseaux Malata," 110.

50 Callet, *Tantara ny Andriana eto Madagascar*, 106.

   이는 다음과 같은 말라가시어 원문을 내가 번역한 것이다(참고로 이
   후 등장하는 말라가시어 번역도 모두 내가 한 것이다). Fehitratra, mosavy
   ny fehitratra natao ny ravehivavy ny mpandranto; ny olona mandranto
   manao vady amoron-tsiraka, manao filan-kariana, "mivarotra aty hianao,
   ary izaho kosa mitaona entana miakatra sy midina." Ary nony efa mahazo
   hariana izy, manao filan-dratsy amy ny vehivavy izy, kanjo tsy fanta'ny
   ny zavatra hahafaty azy, fa ny takona no tia' ny. Ary dia mamitaka an-

dravehivavy, mifaoka ny fanana' ny imbonana; ary dia hain-dravehivavy ny famoanan' azy amy ny fehitratra, dia vonoina tapaka ralehilahy asiana mosavy mahafaty tapaka: hatr' eo ambavafo noho midina maty ny tapa' ny ambany, dia tsy mahatsiaro tena na handefa rano na hanao diky, eo ampandriana sy ny tany itoerana, dia maty fiainana avy an-kasarotana izy. Famosaviana ny vady an-tsiraka izany; tonga aty ambony ny mpandranto vao hihetsika ny aretina, ary dia vao mitohy ny aretim-pahafatesana. Fandramànana atao ny Anindrantany, Betsimisaraka a.

51 Callet, *Tantara ny Andriana eto Madagascar*, 107–8.
말라가시어 원문은 다음과 같다. Rao-dia, ny Betsimisaraka amamandry, mosavy natao ny ravehivavy azy mpandranto tany an-dalana. Endazin-dravebivavy nilaozana any an' indrantany ny tany no diaviny ny lahy, dia tsitsihina "tsy ahy tsy an' olona iny! Matesa! tsy ho hita ny vadi-aman-janaka ny mahafaty azy!" Ary tonga an-tanana, dia tonga ny mosavy natao ny vehivavy nama-nandry tany an-dalana, ary dia tonga ny mahafaty azy, dia lazainy ny mpilaza, "tonga tsy naninona tsy naninona, dia maty foana tao izy!"; izany kosa no maharaodia azy.

52 Graeber, "Love Magic and Political Morality."

53 Johnson, *A General History*, 246.

54 Ellis, "Tom and Toakafo," 446.

55 Anonymous, "The Manners and Customs," 71–72.

56 Anonymous, "The Manners and Customs."

57 Bois, "Tamatave, la cité des femmes," 3.

58 Molet-Sauvaget, "Un Européen."

59 Johnson, *A General History*, 58.

60 Johnson, *A General History*, 59.

61 Leguevel de Lacombe, *Voyage à Madagascar*, vol. 2, 178–80.

62 Leguevel de Lacombe, *Voyage à Madagascar*, vol. 1, 242.

63 Ferrand, *Contes populaires Malgache*; Renel, *Contes de Madagascar*, 49, 186–88; Dandouau, *Contes populaires des Sakalava*, 380–85.

64 Ferrand, *Contes populaires Malgache*, 133–34.

65 Lacombe, *Voyage à Madagascar*, vol. 1, 149–51.

3장 해적 계몽주의

1 Cabanes, "Le nord-est de Madagascar."

2 예를 들어, Ratsivalaka, *Madagascar dans le sud-ouest*; Ratsivalaka, *Les malgaches et l'abolition*; McDonald, *Pirates, Merchants, Settlers, and Slaves*.를 참조하라.

3 Bialuschewski, "Pirates, Slaves"; Ellis, "Tom and Toakafo"; Randrianja and Ellis, *Madagascar*; Hooper, "Pirates and Kings"; Mouzard, "Territoire, trajectoire, réseau."

4 Bialuschewski, "Pirates, Slaves," 424

5 Mayeur, "Histoire de Ratsimilaho," 191; Deschamps, *Les pirates à Madagascar*, 197.

6 Mayeur, "Histoire de Ratsimilaho," 194.

7 Mayeur, "Histoire de Ratsimilaho," 195.

8 Gentil de la Galaisiere, *Voyage dans les mers*, vol. 1, 527.

9 Cabanes, "Guerre lignagiere," 160.

10 Mayeur, "Histoire de Ratsimilaho," 235.

11 Rochon, *Voyage to Madagascar*, 162–63.

12 Mayeur, "Histoire de Ratsimilaho," 213.

13 Johnson, *A General History*, 528, 538–39.

14 Ravelonantoandro, "Les pouvoirs divinatoires des Antedoany de Fénérive-Est," 2.

15 Carayon, *Histoire de l'Établissement Français*, 13–14.

16 Mayeur, "Histoire de Ratsimilaho," 192–93.

17 Gentil de la Galaisière, *Voyage dans les mers*, vol. 2, 526.

18 Ellis, "Tom and Toakafo."

19 Mayeur, "Histoire de Ratsimilaho," 295.

20 Mayeur, "Histoire de Ratsimilaho," 192.

21 Mayeur, "Histoire de Ratsimilaho," 196–98, 209–10.

22 Mayeur, "Histoire de Ratsimilaho," 269–73, 287.

23 McDonald, *Pirates, Merchants, Settlers, and Slaves*, 83.

24 Mayeur, "Histoire de Ratsimilaho," 197.

25 Mayeur, "Histoire de Ratsimilaho," 199.

26 Ravololomanga, *Etre femme*.

27 Graeber, *Lost People*, 63–66, 70, 348; Ellis, *History of Madagascar*, vol. 1, 187–92; Cousins, *Fomba Gasy*, 91–95; Callet, *Tantara ny Andriana eto Madagascar*, 831–51; Decary, *Moeurs et coutumes des Malgaches*, 196–98; Mangalaza, *La poule de dieu*, 26.

28 Johnson, *A General History*, 534.

29 Downing, *A Compendious History*, 93.

30 예를 들어, Vig, *Charmes*, 70–71을 참조하라.

31 Graeber, "Fetishism as Social Creativity."

32 Mayeur, "Histoire de Ratsimilaho," 218–24.

33 Mayeur, "Histoire de Ratsimilaho," 220–21.

34 Mayeur, "Histoire de Ratsimilaho," 218.

35 Mayeur, "Histoire de Ratsimilaho," 221–22.

36 Mayeur, "Histoire de Ratsimilaho," 291–94.

37 Mayeur, "Histoire de Ratsimilaho," 196, 205–6, 223–24, 231, 298, 302.

38 Rochon, *Voyage to Madagascar*, 164–65.

39 Decary, *Coutumes guerrières*; Berg, "The Sacred Musket."

40 Mayeur, "Histoire de Ratsimilaho," 206–19; Berg, "The Sacred Musket," 266–67.

41 Johnson, *A General History*, 531.

42 Mayeur, "Histoire de Ratsimilaho," 250.

43 Mayeur, "Histoire de Ratsimilaho," 250–51.

44 Mayeur, "Histoire de Ratsimilaho," 251.

45 Mayeur, "Histoire de Ratsimilaho," 253.

46 Mayeur, "Histoire de Ratsimilaho."

47 Mayeur, "Histoire de Ratsimilaho," 255.

48 Mayeur, "Histoire de Ratsimilaho," 296.

49 Mayeur, "Histoire de Ratsimilaho," 292; Cabanes, "Guerre lignagiere," 172.

50 Mayeur, "Histoire de Ratsimilaho," 231.

51 Sylla, "Les Malata"; Rantoandro, "Hommes et réseaux Malata."

52 Grandidier, *Les habitants de Madagascar*, 201.

53 Grandidier, *Les habitants de Madagascar*, 364–65.

54 Grandidier, *Les habitants de Madagascar*, 403n5.

55 Grandidier, *Les habitants de Madagascar*, 514.

56 Sylla, "Les Malata," 27–28.

57 Rahatoka, "Pensee religieuse"; Mangalaza, *La poule de dieu*; Cole, *Forget Colonialism?*

58 Althabe, *Oppression et liberation*; Althabe, "L'utilisation dé dependances."

59 Gentil de la Galaisiere, *Voyage dans les mers*, 528–29.

결론

1 Dandouau, *Contes populaires des Sakalava*, 366.

2 Mayeur, "Histoire de Ratsimilaho."

3 Pearson, "Reassessing 'Robert Drury's Journal.'"

4 Drury, *Madagascar*, 172.

5 Drury, *Madagascar*, 235.

6 예를 들어, Dewar and Wright, "The Culture History of Madagascar"를 참조하라.

7 Graeber, "Culture as Creative Refusal."

8 Graeber, "Madagascar: Ethnic Groups."

9 Graeber, "Madagascar: Ethnic Groups."

참고 문헌

Allibert, Claude. 2007. Annotated edition of Étienne de Flacourt, *Histoire de la Grande Isle Madagascar*. Paris: Karthala.

———. n.d. "Nouvelle hypothèse sur l'origine des Zafi-Ibrahim de l'île Nosy Boraha" (Sainte-Marie, Madagascar). Academia.com, accessed April 21, 2016.

Althabe, Gérard. 1969. *Oppression et libération dans l'imaginaire: Les communautés villageoises de la côte orientale de Madagascar*. Paris: Maspero.

———. 1983. "L'utilisation de dépendances du passé dans la résistance villageoise à la domination étatique." In *Les souverains de Madagascar: L'histoire royale et ses résurgences contemporaines*, edited by Françoise Raison-Jourde, 427–49. Paris: Karthala.

Arnold-Forster, Rear Admiral F. D. 1957. *The Madagascar Pirates*. London: Frederick Muller.

Aujas, L. 1907. "Essai sur l'histoire et les coutumes de Betsimisaraka." *Revue de Madagascar*: 501–15, 543–64.

Baer, Joel. 1971. "Piracy Examined: A Study of Daniel Defoe's *General History* of the Pirates and Its Milieu." PhD diss., Princeton University.

——. 1994. "'Captain John Avery' and the Anatomy of a Mutiny." Eighteenth-Century Life 18 (1): 1–26.

——. 2005. Pirates of the British Isles. Gloucestershire: Tempus.

Barendse, R. J. 1995. "Slaving on the Malagasy Coast, 1640–1700." In Cultures of Madagascar: Ebb and Flow of Influences, edited by Sandra Evers and Marc Spindler, 133–55. Leiden: International Institute for Asian Studies.

——. 2002. The Arabian Seas: The Indian Ocean World of the Seventeenth Century. Armonk, NY: M. E. Sharpe.

Benyowsky, Maurice-Auguste Comte de. 1791. Voyages et mémoires. Vol. 2. Paris: F. Buisson.

Berg, Gerald. 1985. "The Sacred Musket: Tactics, Technology and Power in Eighteenth-Century Madagascar." Comparative Studies in Society and History 27: 261–79.

Berger, Laurent. 2006. "Les raisons de la colère des ancêtres Zafinifotsy (Ankarana, Madagascar): L'Anthropologie au défi de la mondialisation." PhD diss., EHESS.

Besy, Arthur. 1981. "Les différents appelations de la ville de Tamatave." Omaly sy Anio 22: 393–94.

Bialuschewski, Arne. 2005. "Pirates, Slaves, and the Indigenous Population in Madagascar, c. 1690–1715." International Journal of African Historical Studies 23 (3): 401–25.

——. 2008. "Black People Under the Black Flag: Piracy and the Slave Trade Off the West Coast of Africa, 1718–1723." Slavery and Abolition 29 (4): 461–75.

Bloch, Maurice. 1985. "Questions historiques concernant la parenté sur la côte est." Omaly sy Anio 21–2: 49–55.

Bois, Dominique. 1997. "Tamatave, la cité des femmes." Clio: Histoire, Femmes et Société 6: 61–86.

——. 2001. "Les métis à Tamatave dans la seconde moitié du XIXème siècle." Annuaire des pays de l'océan Indien 17: 123–42.

Brown, Margaret L. 2004. "Reclaiming Lost Ancestors and Acknowledging Slave Descent: Insights from Madagascar." *Comparative Studies in Society and History* 46 (3): 616–45.

Brown, Mervyn. 1978. *Madagascar Rediscovered: A History from Early Times to Independence.* London: D. Tunnacliffe.

Cabanes, Robert. 1977. "Le nord-est de Madagascar." In *Essais sur la reproduction des formes sociales dominées*, 87–104. Paris: ORSTOM.

———. 1982. "Guerre lignagière et guerre de traite sur la côte nordest de Madagascar au XVIIème et XVIIIème siècles." In *Guerres de lignages et guerre d'États en Afrique*, edited by J. Bazin and E. Terray, 145–86. Paris: ORSTOM.

Callet, R. P. 1908. *Tantara ny Andriana eto Madagascar, documents historiques d'après les manuscrits malgaches.* 2 vols. Antananarivo: Académie Malgache. (Reprinted by Antananarivo: Imprimerie Nationale, 1981.)

Carayon, Louis. 1845. *Histoire de l'Établissement Français de Madagascar.* Paris: Gide.

Carter, Marina. 2009. "Pirates and Settlers: Economic Interactions on the Margins of Empire." In *Fringes of Empire*, edited by S. Sameetha Agha and Elizabeth Kolsky, 45–68. New Delhi: Oxford University Press.

Clastres, Pierre. 1977. *Archéologie de la violence: La guerre dans les sociétés primitives.* Paris: L'Aube.

Cole, Jennifer. 1997. "Sacrifice, Narratives and Experience in East Madagascar." *Journal of Religion in Africa/Religion en Afrique* 27 (4): 401–25.

———. 2001. *Forget Colonialism? Sacrifice and the Art of Memory in Madagascar.* Berkeley: University of California Press.

———. 2004. "Fresh Contact in Tamatave, Madagascar: Sex, Money and Intergenerational Transformation." *American Ethnologist* 31 (4): 571–86. humdev.uchicago.edu/sites/humdev.uchicago.edu/files/uploads/Cole/COLE-2004-FreshContact.pdf.

———. 2005. "The Jaombilo of Tamatave, Madagascar." *Journal of Social*

History 38 (4): 891–914.

———. 2009. "Love, Money and Economies of Intimacy in Tamatave Madagascar." In *Love in Africa*, edited by Jennifer Cole and Lynn Thomas, 109–34. Chicago: University of Chicago Press.

Cordingly, David. 1995. *Under the Black Flag: The Romance and the Reality of Life Among the Pirates.* London: Harvest.

Cousins, William. 1876 [1963]. *Fomba Gasy.* Edited by H. Randzavola. Antananarivo: Imarivolanitra.

Cultru, Prosper. 1906. *Un empereur de Madagascar au XVIIIe siécle: Benyowsky.* Paris: Challamele.

Dandouau, André. 1922. *Contes populaires des Sakalava et des Tsimihety de la région d'Analalava.* Algiers: Jules Carbonel.

Decary, Raymond. 1951. *Mœurs et coutumes des Malgaches.* Paris: Payot.

———. 1966. *Coutumes guerrières et organisation militaire chez les anciens Malgaches.* 2 vols. Paris: Éditions maritimes et d'outre-mer.

Defoe, Daniel. 1707 [1938]. *A Review of the State of the British Nation: Book 10, June 17, 1707 to November 8, 1707.* New York: Facsimile Text Society, Columbia University Press.

———. 1720 [2002]. *The King of Pirates: Being an Account of the Famous Enterprises of Captain Avery, the Mock King of Madagascar.* London: Hesperus.

Dellon, Charles Gabriel. 1669. *Nouvelle relation d'un voyage fait aux Indes orientales.* Paris: Barban.

Deschamps, Hubert. 1972. *Les pirates à Madagascar aux XVIIe et XVIIIe siècles.* Paris: Éditions Berger-Levrault.

Dewar, Robert, and H. T. Wright. 1993. "The Culture History of Madagascar." *Journal of World Prehistory* 7 (4): 417–66.

Diener, Samuel. 2014. "Free Men and Squalid Kings: Theories of Statehood in *A General History of the Pyrates* and Its Milieu." *UCB Comparative Literature Undergraduate Journal* 5 (1). ucbcluj.org/free-men-and-squalid-kings-theories-of-statehood-in-a-general-history-of-the-pyrates-and-its-milieu.

Downing, Clement. 1737. *A Compendious History of the Indian Wars; with an account of the Rise, Progress, Strength, and Forces of Angria the Pirate.* London: T. Cooper.

Drury, Robert. 1729. *Madagascar; or, Robert Drury's Journal, During Fifteen Years' Captivity on That Island.* London: W. Meadows.

Ellis, Stephen. 2007. "Tom and Toakafo: The Betsimisaraka Kingdom and State Formation in Madagascar, 1715–1750." *The Journal of African History* 48 (3): 439–55.

———. 2009. "The History of Sovereigns in Madagascar: New Light from Old Sources." In *Madagascar revisitée: En voyage avec Françoise Raison-Jourde*, edited by F. V. Rajaonah and D. Nativel, 405–31. Paris: Karthala.

Ellis, Rev. William. 1838. *History of Madagascar.* 2 vols. London: Fisher, Son & Co.

Emoff, Ron. 2002. *Recollecting from the Past: Musical Practice and Spirit Possession on the East Coast of Madagascar.* Middletown, CT: Wesleyan University Press.

Esoavelomandroso, Manassé. 1979. *La province maritime orientale du "Royaume de Madagascar" à la fin du XIXe siècle (1882–1895).* Antananarivo: FTM.

———. 1981. "La région du Fiherenana à la veille de la conquête française." *Omaly sy Anio* 13–14: 177–86.

———. 1985. "Les 'révoltes de l'Est' (Novembre 1895–Février 1896): Essai d'explication." *Omaly sy Anio* 21–2: 33–48.

Fagerang, Edvin. 1971. *Une famille de dynasties malgaches: Zafindravola, Maroseragna, Zafimbolamena, Andrevola, Zafimanely.* Oslo: Universitetsforlaget.

———. 1981. "Origine des dynasties ayant régné dans le Sud et l'Ouest de Madagascar." *Omaly sy Anio* 13–14: 125–40.

Faller, Lincoln. 2002. "Captain Misson's Failed Utopia, Crusoe's Failed Colony: Race and Identity in New, Not Quite Imaginable Worlds." *The Eighteenth Century* 43 (1): 1–17.

Fanony, Fulgence. 1975. "La riziculture sur brûlis (*tavy*) et les rituels agraires dans la région de Mananara Nord." *Terre malgache* 17: 29–49.

———. 1976. *Fasina: Transformation interne et contemporaine d'une communauté villageoise malgache.* Paris: EPHE.

———. 1985 [1975]. "Le sorcier maléfique *mpamosavy* et l'épreuve de l'ordalie *tangena* en pays Betsimisaraka." *Omaly sy Anio* 21–22: 133–48. Originally in *Cahiers d'histoire juridique et politique* 11: 19–30.

———. 2001a. *Littérature orale malgache*, vol. 1: *L'Oiseau Grand-Tison.* Paris: L'Harmattan.

———. 2001b. *Littérature orale malgache*, vol. 2: *Le Tambour de l'ogre et autres contes des Betsimisaraka du Nord (Madagascar).* Paris: L'Harmattan. Ferrand, Gabriel. 1893. *Contes populaires Malgache.* Paris: Ernest Leroux.

———. 1905. "Les migrations musulmanes et juives à Madagascar." *Revue de l'histoire des religions* 52: 381–417.

Filliot, J.-M. 1974. *La traite des esclaves vers les Mascareignes au XVIIIe siècle.* Paris: ORSTOM.

Flacourt, Étienne de. [1650] 2007. *Histoire de la Grande Isle de Madagascar,* edited and annotated by Claude Allibert. Paris: Karthala.

Fox, E. T. 2014. *Pirates in Their Own Words: Eye-Witness Accounts of the "Golden Age" of Piracy, 1690–1728.* Fox Historical.

Gentil de la Galaisière, Guillaume-Joseph. 1779. *Voyage dans les mers de l'Inde.* 2 vols. Paris.

Gosse, Philip. 1924. *The Pirates' Who's Who: Giving Particulars of the Lives and Deaths of the Pirates and Buccaneers.* London: Dulau & Co.

Graeber, David. 1995. "Dancing with Corpses Reconsidered: An Interpretation of *Famadihana* (in Arivonimamo, Madagascar)." *American Ethnologist* 22 (2): 258–78.

———. 1996. "Love Magic and Political Morality in Central Madagascar, 1875–1990." *Gender and History* 8 (3): 416–39.

———. 2005. "Fetishism as Social Creativity: Or, Fetishes Are Gods in the Process of Construction." *Anthropological Theory* 5 (4): 405–36.

———. 2007a. *Lost People: Magic and the Legacy of Slavery in Madagascar.* Bloomington: Indiana University Press.

———. 2007b. "Madagascar: Ethnic Groups." In *The New Encyclopedia of Africa*, vol. 3, edited by John Middleton and Joseph C. Miller, 430–35. Detroit: Gale Cengage Learning.

———. 2013. "Culture as Creative Refusal." *Cambridge Anthropology* 31(2): 1–19.

———. 2015. "Radical Alterity Is Just Another Way of Saying 'Reality': A Response to Eduardo Viveiros de Castro." *HAU* 5 (2): 1–41.

Grandidier, Alfred. 1908. *Ethnographie.* Vol. 4, book 1, of *Histoire physique, naturelle et politique de Madagascar.* Paris: Imprimerie Nationale.

———. 1914. *Ethnographie.* Vol. 4, book 2, of *Histoire physique, naturelle et politique de Madagascar.* Paris: Imprimerie Nationale.

———. 1917. *Les habitants de Madagascar, la famille malgache (fin), rapports sociaux des Malgaches, vie matérielle à Madagascar, les croyances et la vie religieuse à Madagascar.* Vol. 4, book 3, of *Histoire physique, naturelle et politique de Madagascar.* Paris: Imprimerie Nationale.

Grandidier, Alfred, and Guillaume Grandidier. 1907. *Collection des ouvrages anciens concernant Madagascar.* Vol. 5 of *Ouvrages ou extraits d'ouvrages anglais, hollandais, portugais, espagnols, suédois et russes, 1718–1800.* Paris: Union Coloniale, Comité de Madagascar.

Grandidier, Guillaume. 1898. *Histoire de la fondation du royaume Betsimisaraka.* Paris: Augustine Challamel.

Haring, Lee. 1982. *Malagasy tale index.* Helsinski: Academia Scientiarum Fennica.

Hasty, William. 2014. "Metamorphosis Afloat: Pirate Ships, Politics and Process, c.1680–1730." *Mobilities* 9 (3): 350–68.

Hill, Christopher. 1986. *People and Ideas in Seventeenth-Century England.* Vol. 3 of *Collected Essays.* Brighton: Harvester Press.

Hooper, Jane. 2011. "Pirates and Kings: Power on the Shores of Early Modern Madagascar and the Indian Ocean." *Journal of World History* 20 (2): 215–42.

Jameson, J. Franklin, ed. 1970. *Privateering and Piracy in the Colonial Period: Illustrative Documents.* New York: Augustus M. Kelley.

Johnson, Captain Charles. 1724 [1972]. *A General History of the Pyrates.* London: Dent.

Julien, Gustave. 1929. "Pages arabico-madécasses." In *Annales de l'Académie des sciences coloniales*, vol. 3, 1–123. Paris: Société d'Éditions Géographiques, Maritimes et Coloniales.

Kay, Carol. 1988. *Political Constructions: Defoe, Richardson, and Sterne in Relation to Hobbes, Hume, and Burke.* Ithaca, NY: Cornell University Press.

Konstam, Angus. 2003. *The Pirate Ship, 1660–1730.* Oxford: Osprey. Kuhn, Gabriel. 2010. *Life Under the Jolly Roger: Reflections on Golden Age Piracy.* Oakland, CA: PM Press.

Lahady, Pascal. 1979. *Le culte Betsimisaraka et son système symbolique.* Fianarantsoa: Librairie Ambozontany.

Land, Chris. 2007. "Flying the Black Flag: Revolt, Revolution, and the Social Organization of Piracy in the 'Golden Age.'" *Management and Organization Theory* 2 (2): 169–92.

Leeson, P. T. 2009. *The Invisible Hook: The Hidden Economics of Pirates.* Princeton, NJ: Princeton University Press.

Leguével de Lacombe, B. F. 1840. *Voyage à Madagascar et aux Îles Comores (1823 à 1830).* 2 vols. Paris: Louis Dessart.

Linebaugh, Peter, and Marcus Rediker. 2000. *The Many-Headed Hydra: Sailors, Slaves, Commoners, and the Hidden History of the Revolutionary Atlantic.* Boston: Beacon Press.

Lombard, Jacques. 1976. "Zatovo qui n'a pas été créé par Dieu: Un conte sakalava traduit et commenté." *Asie du Sud Est et Monde Insulindien* 7: 165–223.

López Lázaro, Fabio. 2010. "Labour Disputes, Ethnic Quarrels and Early Modern Piracy: A Mixed Hispano-Anglo-Dutch Squadron and the Causes of Captain Every's 1694 Mutiny." *International Journal of Maritime History* 22 (2): 73–111.

"Madagascar: Hommage à la Réine Betty à Vacoas." *L'Express Maurice*, October 17, 2010. https://www.lexpress.mu/article/madagascar-hom mage-%C3%A0-la-r%C3%A9ine-betty-%C3%A0-vacoas.

Mangalaza, Eugène Régis. 1994. *La poule de dieu: Essai d'anthropologie philosophique chez les Betsimisaraka (Madagascar)*. Bordeaux: PUB.

"The Manners and Customs, Superstitions, and Dialect of the Betsimisaraka." 1897. *Antananarivo Annual and Madagascar Magazine* 21: 67–75.

Markoff, John. 1999. "Where and When Was Democracy Invented?" *Comparative Studies in Society and History* 41 (4): 660–90.

Mayeur, Nicolas. 1806. "Histoire de Ratsimilaho (1695–1750), roi de Foulpointe et des Betsimisaraka, rédigé par Barthélémy Huet de Froberville, 1806." British Museum, ADD-MSS 18129.

McDonald, Kevin P. 2015. *Pirates, Merchants, Settlers, and Slaves: Colonial America and the Indo-Atlantic World*. Berkeley: University of California Press.

Molet-Sauvaget, Anne. 1997. "Un Européen, roi 'legitime' de Fort-Dauphin au XVIIIe siècle: Le pirate Abraham Samuel." *Etudes Ocean Indien* 23–4: 211–21.

———. 2000. "La disparition du navire 'Ridderschap van Holland' à Madagascar en fevrier 1694." In *L'extraordinaire et le quotidien: Variations anthropologiques*, edited by Claude Allibert and Narivelo Rajaonarimanana, 479–94. Paris: Karthala.

Mondain, G. 1910. *L'histoire des tribus de l'Imoro au XVIIe siècle d'après un manuscrit arabico-malgache*. Paris: Ernest Leroux.

Mouzard, Thomas. 2011. "Territoire, trajectoire, réseau: Créativité rituelle populaire, identification et État postcolonial (Une triple étude de cas malgache)." PhD diss., École des Hautes Études en Sciences Sociales (EHESS).

Nielssen, Hilde. 2012. *Ritual Imagination: A Study of Tromba Possession Among the Betsimisaraka in Eastern Madagascar*. Leiden: Brill.

Nutting, P. Bradley. 1978. "The Madagascar Connection: Parliament and Piracy, 1690–1701." *American Journal of Legal History* 22 (3): 202–15.

Ottino, Paul. 1974. *Madagascar, les Comores et le Sud-Ouest de l'océan Indien*, Antananarivo: Université de Madagascar.

———. 1976. "Le Moyen-Age de l'océan Indien et les composantes du peuplement de Madagascar." *Asie du Sud-Est et du Monde Insulindien* 7 (2–3): 3–8.

———. 1981. "La mythologie malgache des hautes terres et le cycle politique des Andriambahoaka." In *Dictionnaire des mythologies et des religions des sociétés traditionnelles et du monde antique*, vol. 2, edited by Yves Bonnefoy, 30–45. Paris: Flammarion.

———. 1983a. "Les Andriambahoaka malgaches et l'héritage indonésien: Mythe et histoire." In *Les souverains de Madagascar: L'histoire royale et ses résurgences contemporaines*, edited by Françoise Raison-Jourde, 71–96. Paris: Karthala.

———. 1983b. "L'ancienne succession dynastique malgache (l'exemple merina)." In *Les souverains de Madagascar: L'histoire royale et ses résurgences contemporaines*, edited by Françoise Raison-Jourde, 223–63. Paris: Karthala.

———. 1986. *L'étrangère intime: Essai d'anthropologie de la civilisation de l'ancien Madagascar*. 2 vols. Paris: Editions des archives contemporaines.

Pearson, Mike Parker. 1996. "Reassessing 'Robert Drury's Journal' as a Historical Source for Southern Madagascar." *History in Africa* 23: 233–56.

———. 1997. "Close Encounters of the Worst Kind: Malagasy Resistance and Colonial Disasters in Southern Madagascar." *World Archaeology* 28 (3): 393–417.

Pennell, C. R. 1998. "Who Needs Pirate Heroes?" *The Northern Mariner/Le marin du nord* 8 (2): 61–79.

Pérotin-Dumon, Anne, 1991. "The Pirate and the Emperor: Power and the Law on the Seas, 1450–1850." In *The Political Economy of Merchant Empires*, edited by James D. Tracy, 197–200. Cambridge: Cambridge University Press.

Petit, Michel. 1966. *La plaine littorale de Maroantsetra, étude géographique*. Antananarivo: Bureau pour le développement de la production agricole.

———. 1967. "Les Zafirabay de la baie d'Antongil (formation et histoire d'un clan, conséquences sur la vie rurale actuelle)." *Annales de l'Université de Madagascar* 7: 21–44.

Petit, Michel, and Guy Jacob. 1965. "Un essai de colonisation dans la baie d'Antongil." *Annales de l'Université de Madagascar* 4: 33–56.

Rahatoka, Salomon. 1984. "Pensée religieuse et rituels betsimisaraka." In *Ny razana tsy mba maty Cultures traditionnelles malgaches*, edited by J.-P. Domenichini et al., 31–92. Antananarivo: Ed. Librairie de Madagascar.

Rajaonarimanana, Narivelo. 1990. *Savoirs arabico-malgaches: La tradition manuscrite des devins Antemoro Anakara (Madagascar)*. Paris: Institut National des Langues et Civilisations Orientales.

Randrianja, Solofo, and Stephen Ellis. 2009. *Madagascar: A Short History*. Chicago: University of Chicago Press.

Rantoandro, G. A. 2001. "Hommes et réseaux Malata de la côte orientale de Madagascar à l'époque de Jean René (1773–1826)." *Annuaire des pays de l'océan Indien* 17: 103–21.

Ratsivalaka, Gilbert. 1977. "Elements de biography de Nicolas Mayeur." *Omaly sy Anio* 5–6: 79–88.

———. 1995. *Madagascar dans le sud-ouest de l'océan Indien, c. 1500–1824*. Lille: Atelier national de reproduction des thèses.

———. 1999. *Les malgaches et l'abolition de la traite européene des esclaves, 1810–1817: Histoire de la formation du royaume de Madagascar*. Antananarivo: Imprimerie CNAPMAD

Ravelonantoandro, Andrianarison. 2010. "Les pouvoirs divinatoires des Antedoany de Fénérive-Est." ENS de philosophie de Toliara.

Ravololomanga, Bodo. 1993. *Etre femme et mère à Madagascar (Tanala d'Ifanadiana)*. Paris: Harmattan.

Rediker, Marcus. 1987. *Between the Devil and the Deep Blue Sea: Merchant Seamen, Pirates, and the Anglo-American Maritime World, 1700–1750*. Cambridge: Cambridge University Press.

———. 2004. *Villains of All Nations: Atlantic Pirates in the Golden Age.* London: Verso.

Renel, Charles. 1910. *Contes de Madagascar.* Paris: E. Leroux.

———. 1915. "Amulettes malgaches, ody et sampy." *Bulletin de l'Académie Malgache* (n.s.) 2: 29–281.

———. 1923. *Ancêtres et Dieux.* Antananarivo: G. Pitot de la Beaujardière.

Risso, Patricia. 2001. "Cross-Cultural Perceptions of Piracy: Maritime Violence in the Western Indian Ocean and Persian Gulf During a Long Eighteenth Century." *Journal of World History* 12 (2): 297–300.

Rochon, Abbé Alexis-Marie. 1792. *Voyage to Madagascar and the East Indies.* London: G. G. Robinson.

Rogoziński, Jan. 2000. *Honor Among Thieves: Captain Kidd, Henry Every, and the Pirate Democracy in the Indian Ocean.* Mechanicsburg, PA: Stackpole.

Rombaka, Jacques Philippe. 1970. *Fomban-dRazana Antemoro.* Fianarantsoa: Ambozontany.

Sahlins, Marshall. 1981. "The Stranger-King: Or Dumézil Among the Fijians." *The Journal of Pacific History* 16 (3): 107–32.

———. 2008. "The Stranger-King: Or, Elementary Forms of the Politics of Life." *Indonesia and the Malay World* 36 (105): 177–99.

———. 2013. "On the Culture of Material Value and the Cosmography of Riches." *HAU: Journal of Ethnographic Theory* 3 (2): 161–95.

Schnepel, Burkhard. 2014. "Piracy in the Indian Ocean (ca. 1680–1750)." Working paper no. 60, Max Planck Institute for Social Anthropology Working Papers, Max Planck Institute, Halle.

Sibree, James. 1880. *The Great African Island.* London: Trübner & Sons.

Snelders, Stephen. 2005. *The Devil's Anarchy.* New York: Autonomedia.

Sylla, Yvette. 1985. "Les Malata: Cohésion et disparité d'un 'groupe.'" *Omaly sy Anio* 21–2: 19–32.

Toto, Chaplain T. 2005. "Quelques aspects des expériences européennes sur la baie d'Antongil—Madagascar du XVIe au XIXe siècle." *Revue de l'Association Historique Internationale de l'Océan Indien* 1: 7–16.

Valette, Jean. 1967. "Note sur une coutume betsimisaraka du XVIIIe siècle: Les vadinebazaha." *Cahiers du Centre d'étude des coutumes* 3: 49–55.

Vérin, Pierre. 1986. *The History of Civilisation in North Madagascar.* Rotterdam: A. A. Balkema.

Vérin, Pierre, and Narivelo Rajaonarimanana. 1991. "Divination in Madagascar: The Antemoro Case and the Diffusion of Divination." In *African Divination Systems*, edited by Philip M. Peek. Bloomington: Indiana University Press.

Vig, Lars. 1969. *Charmes: Spécimens de magie malgache.* Oslo: Universitetsforlaget.

Vink, Markus. 2003. "'The World's Oldest Trade': Dutch Slavery and Slave Trade in the Indian Ocean in the Seventeenth Century." *Journal of World History* 14 (2): 131–77.

Wanner, Michal. 2008. "The Madagascar Pirates in the Strategic Plans of Swedish and Russian Diplomacy, 1680–1730." In *Prague Papers on the History of International Relations*, 73–94. Prague: Institute of World History.

Williams, Eric. 1944. *Capitalism and Slavery.* Chapel Hill: University of North Carolina Press.

Wilson, Peter Lamborn. 1995. *Pirate Utopias: Moorish Corsairs and European Renegadoes.* New York: Autonomedia.

Wilson-Fall, Wendy. 2011. "Women Merchants and Slave Depots: St. Louis, Senegal and St. Mary's, Madagascar." In *Slaving Paths: Rebuilding and Rethinking the Atlantic Worlds*, edited by Ana Lucia Araujo, 272–302. Amherst, MA: Cambria Press.

Wright, Henry T. 2006. "Early State Dynamics as Political Experiment." *Journal of Anthropological Research* 62 (3): 305–19.

Wright, Henry T., and Fulgence Fanony. 1992. "L'évolution des systèmes d'occupation des sols dan la vallée de la rivière Mananara au nord-est de Madagascar." *Taloha* 11: 47-60.

해적 계몽주의

지은이	데이비드 그레이버
옮긴이	고병권·한디디

2025년 6월 9일 초판 1쇄 발행

책임편집	김창한
기획편집	선완규 김창한
디자인	형태와내용사이
펴낸곳	천년의상상
등록	2012년 2월 14일 제2020-000078호
전화	031-8004-0272
이메일	imagine1000@naver.com
블로그	blog.naver.com/imagine1000

ⓒ 고병권·한디디 2025

ISBN   979-11-90413-92-3 (03900)